目 录

1 知识工作页 1
  1.1 发动机电控系统构造 1
  1.2 发动机电控系统传感器 4
  1.3 进气系统 6
  1.4 燃油喷射系统 8
  1.5 点火系统 10
  1.6 排放控制系统 13
  1.7 缸内直喷发动机 15
  1.8 综合技能题一 17
  1.9 综合技能题二 25
  1.10 综合技能题三 28

2 实训工作页 31
  2.1 汽车发动机电控系统认知实训 31
    2.1.1 认知发动机电控系统不同的类型及组成 31
    2.1.2 认知发动机自诊断系统 36
  2.2 发动机电控系统传感器检修 41
    2.2.1 曲轴位置传感器和凸轮轴位置传感器检修 41
    2.2.2 进气压力传感器与空气流量计检修 46
    2.2.3 节气门体和加速踏板位置传感器检修 52
    2.2.4 冷却液温度传感器的检测 57
    2.2.5 氧传感器和三元催化器的检修 60
    2.2.6 爆燃传感器的检修 66
  2.3 进气系统检修 70
    2.3.1 可变配气正时系统检修 70
    2.3.2 可变进气歧管系统检修 75
    2.3.3 涡轮增压系统检修 79
  2.4 燃油喷射系统检修 84
    2.4.1 燃油系统压力检测 85
    2.4.2 喷油器及其电路的检测 88
    2.4.3 电动燃油泵及其电路的检测 94
  2.5 点火系统检修 100
    2.5.1 点火系统的基本测试 100
    2.5.2 点火系统元件及电路检测 105
  2.6 排放控制系统检修 111
    2.6.1 炭罐排放控制系统检修 111
    2.6.2 废气再循环系统的检修 116
    2.6.3 曲轴箱通风系统的检修 121
    2.6.4 二次空气喷射系统的检修 125
  2.7 缸内直喷发动机燃油系统检修 130

1

知识工作页

1.1 发动机电控系统构造

一、选择题

1. 如果使用 VAS5051 测试燃油泵的工作情况,应使用自诊断功能的哪项功能?(　　)
   A. "匹配"功能　　　　　　　　B. "读取数据块"功能
   C. "执行元件诊断"功能　　　　D. "查询故障"功能

2. 进气压力传感器使用在下列哪种喷射系统中?(　　)
   A. D 型喷射系统　　　　B. L 型喷射系统　　　　C. 化油器式发动机系统

3. 检测仪的测量功能包括(　　)。
   A. 电压　　　　　　　　B. 电阻
   C. 电流　　　　　　　　D. 波形

二、问答题

1. 根据 VAS5051 的诊断功能进行正确的连线。

   02　　　　　　　　读取单个测量数据块
   03　　　　　　　　基础设定
   04　　　　　　　　结束输出
   05　　　　　　　　控制单元编码
   06　　　　　　　　最终控制诊断
   07　　　　　　　　查询故障
   08　　　　　　　　清除故障存储器
   09　　　　　　　　读取测量值

2. 请举例说明下列车型的发动机电控系统的形式。

   宝来 1.6L
   途观 1.4Tsi

3. 请将给出的中文词汇对应的编号填入下图中对应的英语词汇后。

2　发动机电控系统构造与检修

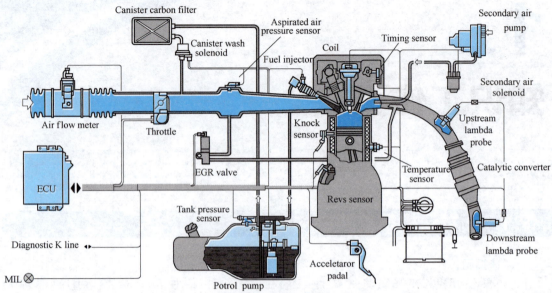

1—空气流量计　2—电子控制单元 ECU　3—节气门　4—炭罐电磁阀　5—炭罐滤清器　6—进气压力传感器　7—喷油器　8—点火线圈　9—正时传感器　10—二次空气泵　11—二次空气电磁阀　12—前氧传感器　13—后氧传感器　14—三元催化器　15—冷却液温度传感器　16—加速踏板　17—燃油泵　18—燃油压力传感器　19—废气再循环阀　20—爆燃传感器　21—功能指示灯 MIL

4．请在下图中英文简写处填写中文名称。

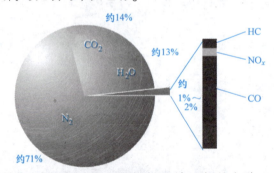

5．下图为发动机电控系统控制单元，根据标号填写部件名称。

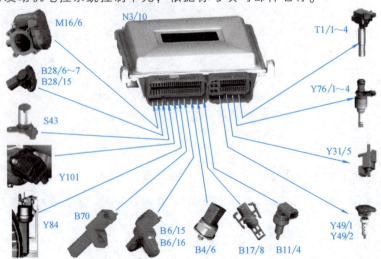

序号	部件名称	序号	部件名称
N3		B6	
M16		B6	
B28		B4	
B28		B17	
B28		B11	
S43		Y49	
Y101		Y49	
Y84		Y31	
B70		Y76	
T1/1~4			

1.2 发动机电控系统传感器

一、选择题

1. 电子节气门体上没有的元件是（　　）。
   A. 节气门位置传感器　　　　　　B. 节气门电动机
   C. 怠速触点　　　　　　　　　　D. 加速踏板位置传感器
2. 以下哪种传感器不是空气流量计？（　　）。
   A. 翼板式空气流量计　　　　　　B. 卡门涡旋空气流量计
   C. 热膜空气流量计　　　　　　　D. 进气温度传感器
3. 为防止发动机产生爆燃，ECU可以调节（　　）。
   A. 点火提前角　　　　　　　　　B. 喷油量
   C. 发动机转速　　　　　　　　　D. 发动机冷却液温度
4. 三元催化器正常起作用是以减少_____的排放。
   A. HC、NO_X　　　　　　　　　B. CO、HC
   C. CO、NO_X　　　　　　　　　D. CO、HC、NO_X
5. 后氧传感器的作用是（　　）。
   A. 检测尾气中氧的含量　　　　　B. 进行混合气浓度的调节
   C. 检测三元催化器的工作情况　　D. 闭环调节的传感器
6. 发动机爆燃时点火提前角将（　　）。
   A. 提前　　　　　　　　B. 延迟　　　　　　　　C. 不变
7. 氧化锆只有在_____以上的温度时才能正常工作。
   A. 90℃　　　　　　　　　　　　B. 400℃
   C. 815℃　　　　　　　　　　　 D. 500℃

二、判断题

1. 空气流量计可应用在L型和D型电控燃油喷射系统中。（　　）
2. 空气流量计与进气压力传感器相比，检测的进气量精度更高一些。（　　）
3. 曲轴位置传感器只作为喷油正时控制的主控制信号。（　　）
4. 在发动机集中控制系统中，一个传感器信号输入ECU可以作为几个子控制系统的控制信号。（　　）

三、问答题

1. 下图分别是对凸轮轴位置传感器测量的正确波形和故障波形。请根据波形分析可能导致故障波形的原因。

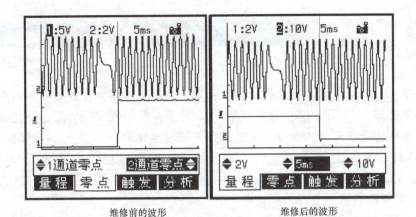

维修前的波形　　　　　维修后的波形

2．下表是使用检测仪读取宝来 1.6L 怠速时，节气门和加速踏板的数据块测量值截图，请判断是否存在故障。

节气门位置传感器1	节气门位置传感器2	加速踏板位置传感器1	加速踏板位置传感器2
11.76%	88.63%	14.51%	7.45%

3．为什么要做节气门初始化？请写出标致 307 节气门初始化的方法。

4．请根据中文与英文做正确的连接。

冷却液温度传感器　　　　　　　　CMP（Camshaft Position Sensor）
爆燃传感器　　　　　　　　　　　MAP（Manifold Absolute Pressure Sensor）
氧传感器　　　　　　　　　　　　MAF（Mass Air Flow Sensor）
节气门位置传感器　　　　　　　　TPS（Throttle Position Sensor）
空气流量计　　　　　　　　　　　ACT（Air Charge Temperature Sensor）
发动机电子加速踏板控制系统警告灯　EPC（Electronic Power Control Sensor）
进气压力传感器　　　　　　　　　CTS（Coolant Temperature Sensor）
凸轮轴位置传感器　　　　　　　　KS（Knock Sensor）
进气温度传感器　　　　　　　　　O_2S（Oxygen Sensor）

1.3 进气系统

一、填空题

1. 在装有_____系统的发动机上，发生爆燃的可能性增大，更需要采用爆燃控制。
   A. 废气再循环　　　B. 涡轮增压　　　C. 可变配气相位　　　D. 排气制动

2. 当发动机转速低于4000r/min时，可变进气道活动阀门关闭，空气通过_____的轨迹进入气缸，管内进气流具有较大的惯性，起到惯性增压的作用，可获得较大的_____；当发动机转速超过4000r/min时，空气通过较短的轨迹流入气缸内，可降低阻力，使发动机高速时获得_____的功率。

3. 发动机控制单元根据需要以方式给增压压力限制电磁阀通电，改变加在增压压力调节单元膜片阀上的气压，以调节_____。

4. 宝马的电子气门系统在传统的配气相位机构上增加了一根_____，一个步进电动机和_____等部件，该系统由步进电动机驱动，再在一系列_____后很巧妙地改变了进气门升程的大小。

二、问答题

1. 采用变截面进气道的好处是什么？

2. 请填写下面箭头指示的名称。

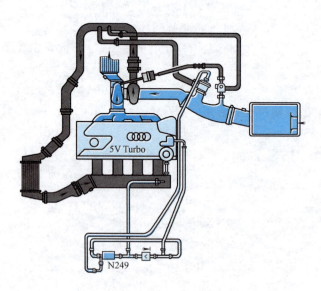

3．请将中文与英文正确地连接。

涡轮增压　　　　　　　　　　　　　　　　Variable Valve Timing and
　　　　　　　　　　　　　　　　　　　　　Valve Lift Electronic Control System
可变气门正时和气门升程电子控制系统　　　Turbo
可变配气正时　　　　　　　　　　　　　　Variable Valve Timing

4．请根据下图说明凸轮轴调整的工作原理。

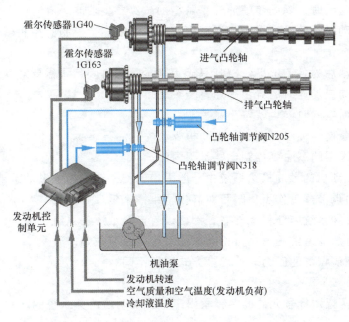

5．根据下图凸轮轴正时控制器的结构，将相应的数字编号填在对应的位置上。

1—定子　2—带弹簧的叶片　3—锁止销　4—锁止弹簧　5—转子　6—用于液压控制带孔的凸轮轴
7—线圈元件　8—线圈绕组　9—电磁阀N205　10—带球体的轴　11—衔铁　12—低摩擦轴承
13—三位四通中央阀　14—密封盖板

6．导致中冷器进气管中有机油的可能原因有哪些？

1.4 燃油喷射系统

一、判断题

1．独立喷射可使燃油在进气管中滞留的时间最短。（　　）
2．开环控制系统对发动机及控制系统各组成部分的精度要求高。（　　）
3．在发动机起动时，除同步喷油外，再增加一次异步喷油。（　　）
4．发动机起动时的喷油量控制和发动机起动后的喷油量控制的控制模式完全相同。
（　　）
5．发动机起动后的各工况下，ECU只确定基本喷油时间，不需要对其修正。（　　）
6．发动机起动或加速时的异步喷油量一般是可变的。（　　）
7．当喷油器断电的时候也就停止了喷油。（　　）
8．电动燃油泵是一种由小型交流电动机驱动的燃油泵。（　　）
9．不同车型采用的燃油泵控制电路是不同的。（　　）
10．在电控发动机的燃油供给系统中一般采用的都是一次性的燃油滤清器。（　　）
11．燃油压力调节器工作不良时可对其进行维修来保证它能正常工作。（　　）
12．在拆卸燃油系统内任何元件时，都必须首先释放燃油系统压力。（　　）
13．通过测试燃油系统压力，可诊断燃油系统是否有故障。（　　）
14．不同车型测试燃油压力表的连接方式有所不同。（　　）

二、问答题

1．请将下面两幅图标号元件的名称写出来，并说明这两套系统的区别。

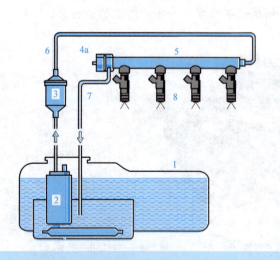 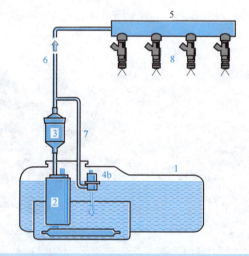

2. 请在下图标号处填写名称。

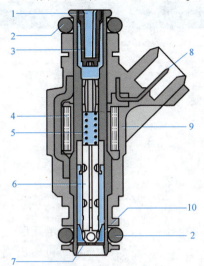

3. 请将中文与英文正确地连接。

喷油器　　　　　　　　　　　　Fuel Pressure Regulator
燃油泵　　　　　　　　　　　　Twincharger Stratified Injection
燃油压力调节器　　　　　　　　Injector
双增压分层喷射技术　　　　　　Fuel Pump

1.5 点火系统

一、选择题

1. 转速增加，点火提前角应（　　）。
   A．增加　　　　　　B．减少　　　　　　C．不变

2. 火花塞裙部的自净温度为（　　）。
   A．500~700℃　　　B．750~850℃　　　C．100~200℃

3. 发动机起动时反转和加速时爆燃的原因是（　　）。
   A．点火过早　　　　B．点火过迟　　　　C．没有点火

4. 点火闭合角主要是通过（　　）加以控制的。
   A．通电电流　　　B．通电时间　　　C．通电电压　　　D．通电速度

5. 混合气在气缸内燃烧，当最高压力出现在上止点（　　）左右时，发动机输出功率最大。
   A．前10°　　　　B．后10°　　　　C．前5°　　　　D．后5°

6. 传统点火系统与电子点火系统最大的区别是（　　）。
   A．点火能量的提高
   B．断电器触点被点火控制器取代
   C．曲轴位置传感器的应用
   D．点火线圈的改进

7. 拆下火花塞观察，如为赤褐色或铁锈色，表明火花塞（　　）。
   A．积炭　　　　B．生锈　　　　C．正常　　　　D．腐蚀

8. 当发动机功率较大、转速较高、压缩比较大时，应选用（　　）火花塞。
   A．热型　　　　B．中型　　　　C．冷型

9. 电子控制点火系统由（　　）直接驱动点火线圈进行点火。
   A．ECU　　　　B．点火控制器　　　　C．分电器　　　　D．转速信号

10. ECU根据（　　）信号对点火提前角实行反馈控制。
    A．冷却液温度传感器　　　　B．曲轴位置传感器
    C．爆燃传感器　　　　　　　D．车速传感器

11. 点火线圈初级电路的接通时间取决于（　　）。
    A．断电器触点的闭合角　　　　B．发动机转速
    C．A、B都正确　　　　　　　　D．A、B都不正确

二、问答题

1. 请根据标号填写点火系统元件的名称。

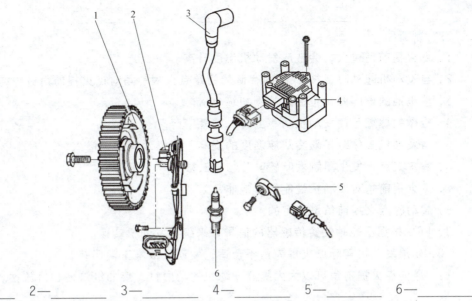

1—_____ 2—_____ 3—_____ 4—_____ 5—_____ 6—_____

2．请将给出的元件名称写在图中相应的标号处。

A—叠片铁心　B—双火花点火线圈　C—二次绕组

D—一次绕组　E—高压电源插头　F—外部低压电器插头

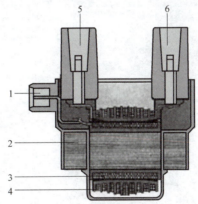

3．请将下面对火花塞的说明填入正确的图形处，并说明火花塞热值的概念。

A—高热值指数　B—低热值指数　C—中等热值指数

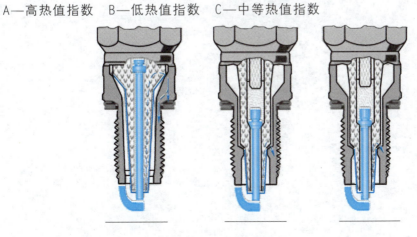

三、判断题

1. 点火提前角过大，会造成发动机温度升高。（   ）
2. 当发动机起动时，按ECU内存储的初始点火提前角对点火提前角进行控制。（   ）
3. 蓄电池的电压变化也会影响到初级电流。（   ）
4. 轻微的爆燃可使发动机功率上升，油耗下降。（   ）
5. 当发动机工作时，随冷却液温度的提高，爆燃倾向逐渐增大。（   ）
6. 霍尔式点火发生器触发叶轮叶片与气缸数相等。（   ）
7. 点火提前角对发动机性能的影响非常大。（   ）
8. 起动时点火提前角是固定的。（   ）
9. ECU根据凸轮轴位置传感器的信号，来确定发动机转速。（   ）
10. 如果发动机实际点火提前角不合适，发动机很难正常运转。（   ）
11. 最佳点火提前角可以大大提高发动机的动力性、燃油经济性和排放性。（   ）

1.6 排放控制系统

一、连线题

请将英文与中文对照正确连接。

Air Injection　　　　　　　　　　　　　　蒸发排放污染
Exhaust Gas Recirculation　　　　　　　 废气再循环
Evaporative Emission　　　　　　　　　　 二次空气喷射
Positive Crankcase Ventilation　　　　　曲轴箱强制通风

二、问答题

1. 将下面给出的名称写在图中正确的位置。

进气口　发动机控制单元　电磁阀　组合阀　空气泵　继电器

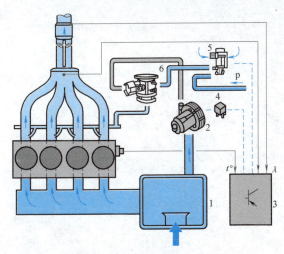

2. 将下面给出的名称写在图中正确的位置。

发动机控制单元　废气再循环阀　废气再循环电位计　　三元催化器

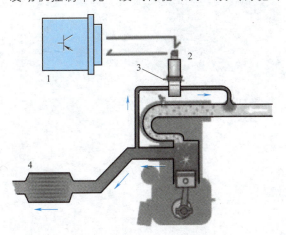

3．在现代汽车上装用的排放控制系统都有哪些？

4．二次空气供给系统有哪些功能？

1.7 缸内直喷发动机

一、选择题

1．汽油直接喷射系统有哪些优点？（　　）

A．在稀薄操作模式中，节气门的开度较大并且空气吸入时的阻力较小

B．通过将汽油直接喷入气缸的方式带走进气的热量，从而增加压缩率

C．汽油直接喷射系统使得发动机工作在空气/燃油混合比最高空燃比等于3的工况中

2．在分层充气模式、均质稀混合气模式和均质混合气模式工况下何时喷入燃油？（　　）

A．这三种模式中都是在进气行程时喷入燃油

B．当发动机处于分层充气模式时，燃油在进气行程中被喷入；当发动机处于均质稀混合气模式和均质混合气模式时，燃油在压缩行程中被喷入

C．当发动机处于分层充气模式时，燃油在压缩行程中被喷入；当发动机处于均质稀混合气模式和均质混合气模式时，燃油在进气行程中被喷入

3．分层充气模式、均质稀混合气模式和均质混合气模式分别表示什么意思？（　　）

A．"分层充气"表示混合发生在火花塞周围区域并且被一层新鲜空气和再循环的废气包围

B．"均质"表示混合在点火之前的一瞬间形成

C．"均质稀"表示一层稀薄的混合物被均匀地分布在整个燃烧室内

4．为什么发动机处于分层充气模式时节气门不会完全开启？（　　）

A．因为节气门全开会使HC和CO的排放量太高

B．因为活性炭滤清器罐和废气再循环系统总是需要有一定的真空压力

C．因为发动机在低负载和低转速时不需要很多空气

5．下面有关NO_x存储式传感器的哪一些说法是正确的？（　　）

A．为了能在稀薄操作模式中更有效地转换HC和CO，三元催化器在lambda＝1时存储NO_x

B．三元催化器在lambda＞1时存储NO_x，因为在均质稀混合气模式中闭环控制的三元催化器不能将NO_x转换成氮气

C．它也起着闭环三元催化器的功能并且也能存储NO_x。

二、问答题

1．请写出缸内直喷发动机最佳点火信息是根据哪些信息确定的。

2. 请写出燃油计量阀的作用。

1.8 综合技能题一

1. 根据奔驰M271 EVO发动机电控系统的组成，在表中填写部件名称。

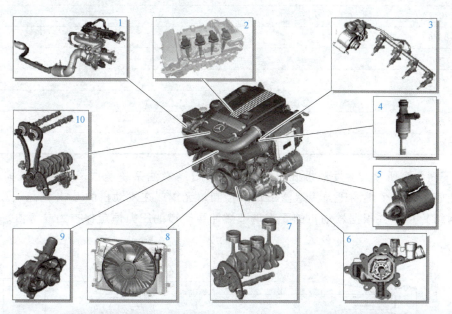

序号	部件名称	序号	部件名称
1		6	
2		7	
3		8	
4		9	
5		10	

2. 下图为奔驰M271发动机高压燃油系统，请根据图上的标号在表中填写部件名称。其中A为来自燃油箱的供油（低压燃油），B为供至燃油分配管的供油（高压燃油）。

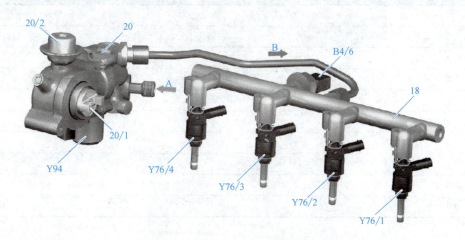

标号	部件名称
18	
20	
20/1	
20/2	
B4/6	
Y76/1	
Y76/2	
Y76/3	
Y76/4	
Y94	

3.下图为奔驰M271发动机低压燃油系统，低压燃油系统通过一个燃油泵控制单元和燃油供油管中的一个燃油压力传感器工作。控制单元集成在发动机的CAN网络（CAN=控制器区域网络）中，并根据发动机的要求调节燃油泵。燃油压力恒定保持为参考值。

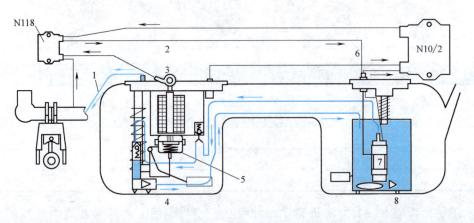

标号	部件名称
1	
2	
3	
4	
5	
6	
7	
8	
N10/2	
N118	

4. 简述涡轮增压系统的结构与工作原理。

1）下图为增压系统整体布局图，标出序号代表的元件名称。

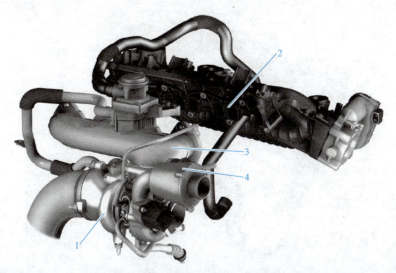

序号	部件名称
1	
2	
3	
4	

2）请写出消声器的作用：

3）增压空气冷却器的作用：

4）下图为增压的功能原理图，请写出图中代号代表的元件名称。

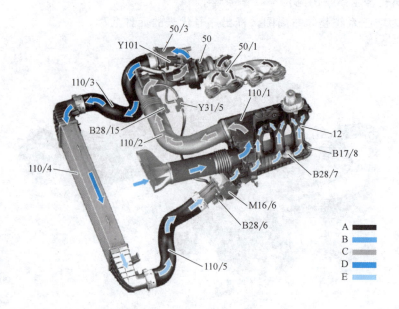

A—排气　B—进气（未过滤）　C—进气（已过滤）
D—增压空气（未冷却）　E—增压空气（已冷却）

标号	部件名称
12	
50	
50/1	
50/3	
110/1	
110/2	
110/3	
110/4	
110/5	
B17/8	
B28/6	
B28/7	
B28/15	
M16/6	
Y31/5	
Y101	

5）下图为增压压力控制风门的结构，根据标号填写部件名称。

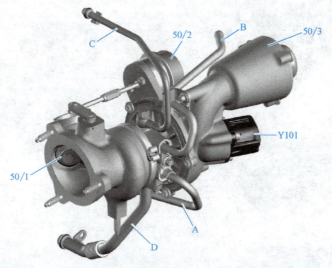

标号	部件名称
50/1	
50/2	
50/3	
Y101	
A	
B	
C	
D	

6）根据上图写出增压压力控制风门的工作原理。

7）增压压力控制由发动机 ECU 控制增压压力转换器的工作来调节，为此需要采集下列哪些传感器的信号：

A．增压空气温度传感器

B．节气门上游的压力传感器

C．压缩机叶轮上游的压力传感器

D．加速踏板位置传感器：驾驶人发出的负荷请求

E．曲轴霍尔传感器：发动机转速

8）排空阀的工作原理。

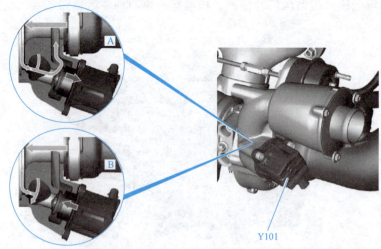

Y101 排空阀　A 排空阀打开　　B 排空阀关闭

请写出排空阀的工作原理。

5. 简述涡流风门控制。

请根据下图增压空气歧管的剖面图，在表中写出部件名称。

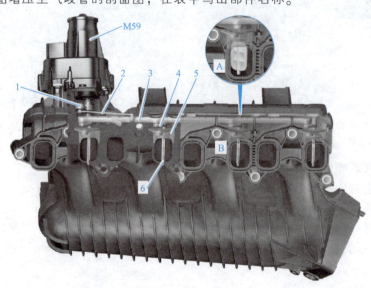

标号	部件名称
1	
2	
3	
4	
5	
6	
M59	
A	
B	

请写出涡流风门控制原理。

6．二次空气喷射系统工作原理。

1）请根据下图二次空气喷射系统的结构图，在表中写出部件名称。

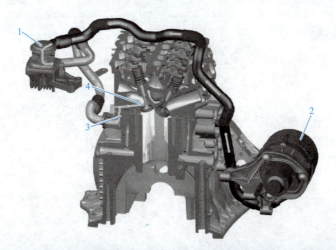

序号	部件名称
1	
2	
3	
4	

2）请写出二次空气喷射系统的工作原理。

3）二次空气喷射泵空气关闭阀的工作原理。

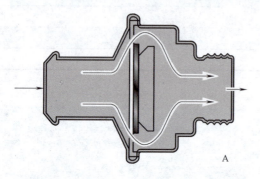 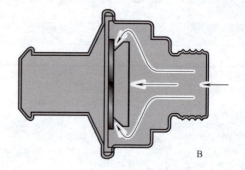

空气关闭阀　　A 膜片打开　　　　　　　　　　B 膜片关闭

请根据上图写出空气关闭阀工作原理。

1.9 综合技能题二

一辆一汽大众公司生产的速腾轿车，采用1.8T BPL发动机，出现怠速不稳、加速无力的现象，同时EPC灯报警。

1．请写出该故障可能的三点原因。

首先对其进行基本检查，节气门的连接平滑无卡滞现象，空气流量计信号电压也正常，没有发现问题。

用VAS5051故障检测仪进行检测，发现有两个故障码：

1) 18042——加速踏板位置传感器G185信号太大。

2) 18047——加速踏板位置传感器G79/G185信号不可靠。根据故障码，推断发动机控制单元识别到至少在加速踏板位置传感器有一个相关故障。于是检查加速踏板位置传感器G79和加速踏板位置传感器G185。

2．请画出该车加速踏板位置传感器工作的电路简图。

3．用VAS5051故障检测仪进入数据块062，在怠速状态下，未踩下加速踏板时两个传感器的位置分别为：加速踏板位置传感器G79：94%，加速踏板位置传感器G185：94%。

请根据数据块的数据判断是否存在故障。

4．检查加速踏板位置传感器G79和加速踏板位置传感器G185的滑动电阻，能随踏板位置的变化而线性变化。请问检查结果说明什么？

5．根据节气门内部电路图，写出检查节气门体的步骤（包括节气门位置传感器和节气门电动机）。

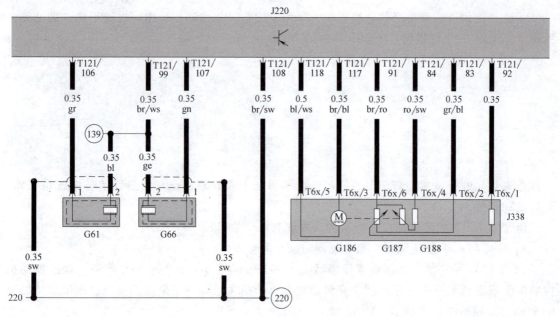

发动机控制单元、爆燃传感器、节气门控制单元、节气门位置传感器

G61—爆燃传感器1 G66—爆燃传感器2 G186—电子加速踏板控制电动机（电子节气门操纵机构）
G187—节气门位置传感器1 G188—节气门位置传感器2 J220—发动机控制单元 J338—节气门控制单元
T6x—6芯插头连接 T121—121芯插头连接 ⑲—搭铁连接

（传感器搭铁）在Motronic控制单元上 ㉒⓪—搭铁连接（传感器搭铁），在发动机舱线束中

故障排除：重新打磨发动机舱各处搭铁点，更换发动机控制单元并进行基本设定，重新试车，故障排除。

请写出什么情况下进行电子加速踏板的基本设定。

1.10 综合技能题三

一辆宝马740Li车由于行驶中发动机故障灯报警来店检查维修。维修人员通过ISID诊断后测试燃油系统的低压供应，压力正常。根据检测计划的建议，更换了燃油分配管压力传感器和高压泵（之前已经更换过两个高压泵），删除故障存储后对车辆进行了编程。路试中发动机故障灯再次点亮报警，中央显示器显示"发动机功率下降"，车辆加速无力。

1．请写出"发动机功率下降"的三个可能原因。

2．连接ISID进行诊断测试，测试结果为11A701——燃油分配管压力传感器，可信度：压力过高；118004——混合气调节：混合气过稀。

请写出油压过高的可能原因：＿＿＿＿＿＿＿＿＿＿＿＿＿＿＿＿＿＿＿＿＿＿＿＿

混合气过稀的可能原因：＿＿＿＿＿＿＿＿＿＿＿＿＿＿＿＿＿＿＿＿＿＿＿＿

3．发动机管理系统根据发动机负荷和发动机转速确定所需燃油压力。请写出压力调节的原理。

4．燃油量控制阀安装在高压泵的低压供油端，控制共轨内的燃油压力。请写出燃油量控制阀的工作原理。

5．燃油分配管压力传感器安装在燃油分配管上，请写出燃油分配管压力传感器的作用。

6．下图为故障码"11A701 燃油分配管压力传感器，可信度：压力过高"的描述。请根据表格写出出现该故障码的可能故障原因。

	DME 11A701 燃油分配管压力传感器,可信度:压力过高
故障描述	诊断系统监控燃油高压传感器实际喷射的燃油质量或功能能力 如果气缸列 1 的燃油分配管压力与额定值的偏差 2000kPa,或燃油压力调节器与零位偏差 -2000kPa 达 3s,且空燃比控制或调校值偏差 10%,便将识别出该故障 可能的故障原因:电线束损坏,燃油分配管压力传感器损坏
故障识别条件	电压条件:无 温度条件:无 时间条件:起动后 15s 其他条件:无 总线端 KL.15 接通
故障码存储记录条件	如果故障存在时间超过 3s,则被记录
故障影响和抛锚说明	可能的感觉:动力不足 故障停车提示:发动机处于紧急程序中,能够继续行驶但受到限制,由于功率降低不要试图超车
保养措施	检查电线束,更新燃油分配管压力传感器
驾驶人信息	ECE 排放警告灯:打开 US 排放警告灯:打开 ECE 电子发动机功率降低:接通 US 电子发动机功率降低:接通 CC 信息:无
服务提示	无

7. 请根据电路图,写出燃油分配管压力传感器的电路检查过程。

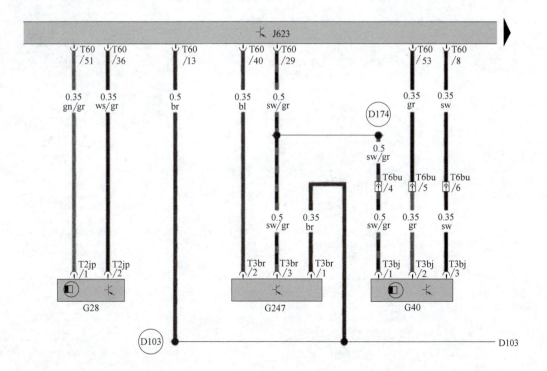

8. 经检查燃油分配管压力传感器及其线路有故障。请根据故障码表及电路图分析故障原因。

2

实训工作页

2.1 汽车发动机电控系统认知实训

引言

对发动机电控系统的认知是对发动机电控系统维修的第一步,也是一个重要的环节。如果对于结构和安装位置都能很好地掌握,那么对于排除故障扫清了结构上的障碍,缩短了排除故障的时间。更重要的是根据不同形式的电控发动机类型,可以有针对性地对故障进行分析判断。

学习目标

1. 能够认知不同形式的发动机,如歧管喷射式发动机和缸内直喷式发动机。
2. 能够认知发动机电控系统的各传感器、执行器和控制单元的安装位置。
3. 能够认知发动机线束,并且能够将发动机电控元件连接到线束上。
4. 能够将专用或通用的检测仪连接到发动机上,并且会进行基本的诊断操作。

2.1.1 认知发动机电控系统不同的类型及组成

任务目标

1. 能够区分缸内直喷发动机电控系统和歧管喷射发动机电控系统。
2. 能够识别汽油机电控系统、柴油机电控系统和混合动力的发动机系统。

任务情景描述

一位车主开着新买的奥迪A6 2.0TSI来到服务站进行首保,你作为服务顾问接待了他。车主问,我原来那台车是一辆捷达,现在这台车是缸内直喷的发动机,这两种系统在结构上有什么区别?混合动力车辆的发动机又是什么样的结构呢?于是找来了一辆捷达和一辆普锐斯,还有客户的奥迪A6,为客户讲解这三部车的不同形式和特点。

实训准备

设备工具:1.实训车辆(要求有D型和L型歧管喷射发动机、缸内直喷发动机、混合动力型发动机)。

2．各种发动机台架，发动机电控系统的传感器和执行器、ECU（电控单元）。

3．捷达发动机线束、奇瑞A3发动机线束等。

4．举升机。

资料：实训指导书和相关车型的维修手册。

任务实施

1．发动机电控系统的类型认知

操作步骤如下：

1) 在驾驶室内找到发动机舱的拉锁，并拉开。

2) 在发动机舱盖前端搬动锁扣，打开发动机舱盖。

3) 使用撑杆支起发动机舱盖。

填写发动机电控系统形式表（表2.1-1）

表2.1-1 发动机电控系统形式表

序号	车型	系统类型	特点	工作
1	捷达电控发动机系统 	捷达发动机电控系统为歧管喷射型速度-密度式（D型）电控系统	在进气道上安装了进气压力传感器，间接测量空气流量	请找到进气压力传感器的安装位置，在左图中标出
2	帕萨特B5发动机的电控系统 	帕萨特发动机电控系统为歧管喷射型质量-流量式（L型）电控系统	在空气滤清器后安装了空气流量计，直接测量空气流量	请找到空气流量计的安装位置，在左图中标出

(续)

序号	车型	系统类型	特点	工作
3	奥迪A6发动机的电控系统 	奥迪A6发动机电控系统为缸内直喷形式发动机	每个缸的喷油器直接安装在进气缸中	请找到喷油器的安装位置,在左图中标出
4	长城哈弗电控共轨柴油发动机 	柴油高压共轨	每个缸的喷油器安装在一根供油轨道上	请在车上找到喷油器和燃油轨的位置,在左图中标出
5	丰田普锐斯混合动力发动机 	混合动力类型的发动机	采用电控汽油机与插电式电动动力混合作为动力源	请在车上找到发动机和电动机的位置,在左图中标出

2. 认知电控发动机系统的各组成部分及发动机电控系统线束

将新宝来1.6L车型发动机舱盖打开,根据发动机电控系统布置如图2.1-1所示,找到相应的元件并填写表2.1-2。

34　发动机电控系统构造与检修

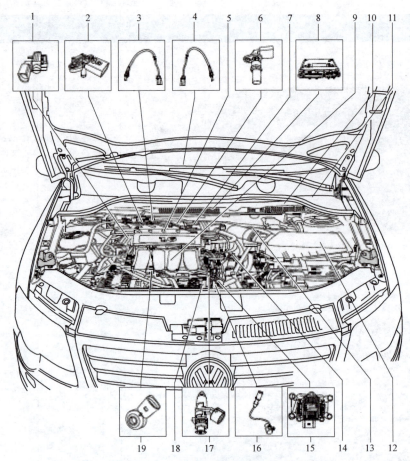

图 2.1-1　宝来发动机电控系统元件布置图

表 2.1-2　元件安装位置及元件功能表

学生姓名		车型： 车辆底盘号码(VIN)：	
序号	元件名称	安装位置	功能简介
1	进气压力传感器		
2	节气门控制组件		
3	加速踏板传感器		
4	进气温度传感器		
5	1~4缸喷油器		
6	燃油泵		
7	油泵继电器		
8	活性炭罐电磁阀		
9	发动机转速传感器		
10	霍尔传感器		
11	前氧传感器		

（续）

序号	元件名称	安装位置	功能简介
12	后氧传感器		
13	冷却液温度传感器		
14	爆燃传感器		
15	ECU		
16	点火线圈		
17	分缸线		
18	火花塞		
19	发动机故障警告灯		

3. 认知捷达发动机线束

发动机线束好比人体神经，将发动机的运行数据传递给发动机的ECU，并传递发动机ECU的指令，线束出现故障就会导致发动机电控系统故障。

在捷达发动机台架和实训用车上找到发动机线束并观察线束的走向和线束插接器。

根据图2.1-2奇瑞QQ发动机线束图在方框中画出捷达发动机线束连接图。

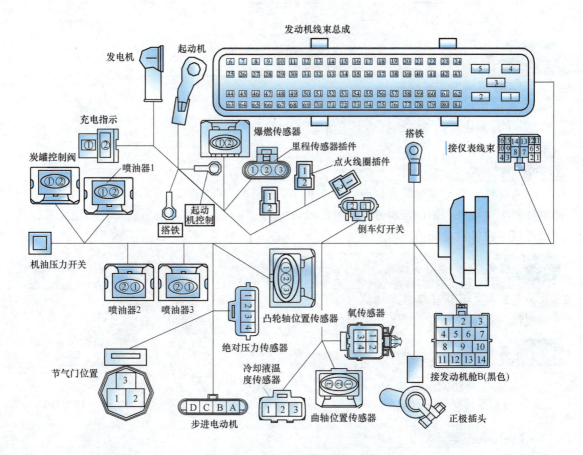

图 2.1-2 奇瑞 QQ 发动机线束图

捷达发动机线束连接图

教师根据实际任务完成情况，按照工作任务评分表（表2.1-3）给出成绩。

表2.1-3 工作任务评分表

序号	评分标准	配分	实得分
1	工作准备和工作过程的认真仔细程度和工作态度	10	
2	技术资料应用情况	10	
3	团队工作计划与分工	10	
4	测量与检查记录或文件记录	10	
5	按专业要求做工作任务	10	
6	按专业要求使用量具、检验器具及工具	10	
7	注意遵守劳动与环保规定	10	
8	做好将车辆/系统交给客户之前的准备工作	10	
9	团队配合与沟通	10	
10	在完成工作任务中教师的提问	10	
	合计分数		

2.1.2 认知发动机自诊断系统

任务目标

1．能够正确地连接检测仪。
2．能够正确地操作检测仪。
3．了解发动机故障警告灯的工作情况。

任务情景描述

车主反映：在驾驶时发现仪表盘上的发动机故障警告灯常亮，因此不放心，希望维修技师给他的车做检查。你作为维修技师要使用通用的检测仪去读他车辆的故障码和数据等，并在此过程中回答他提问的问题。

实训准备

设备工具：实训车辆或发动机台架、通用或专用检测仪。
资料：实训指导书、相关车型的维修手册、相关检测仪的使用手册。

任务实施

1．检测仪的功能及组装

1）根据学校的设备及工具做一份完成本次工作任务的设备清单，并将相关的资料名称写出。

设备工具：_____

资料：_____

2）正确地组装检测仪器。KT600 检测仪功能键如图 2.1-3 所示，KT600 检测仪按键功能说明见表 2.1-4。

图 2.1-3　KT600 检测仪功能键

表 2.1-4　KT600 检测仪按键功能说明

序号	名称	功能
1		
2		
3		
4		
5		

3）连接检测仪（图 2.1-4）。

将 KT600 检测仪连接到车辆上，操作步骤如下：

① 将 KT600 诊断盒插入到诊断插槽，注意插入方向，将印有"UP"字样的一面朝上。
② 确定诊断座的位置、形状以及是否需要外接电源。
③ 根据车型及诊断座的形状选择相应的接头。
④ 将测试延长线的一端插入 KT600 的测试口内，另一端连接测试接头。
⑤ 将连接好测试延长线的测试接头插到车辆的诊断座上。
⑥ 打开车辆的点火开关到 ON 位（图 2.1-5）。

图 2.1-4　诊断接口的连接

图 2.1-5　点火开关旋到 ON 位

注意：请一定要先连接好主机、测试延长线和诊断接头后，才把测试接头连接到诊断座上，否则容易导致连接过程中因导线短路造成诊断座熔丝熔化。

2. 检测仪的常用功能操作方法

（1）读故障码/清除故障码 使用 KT600 检测仪进行读取故障码的操作（以大众车型为例），请写出操作步骤，见表 2.1-5。

表 2.1-5 读取故障码操作步骤表

序号	图形说明	操作步骤
1	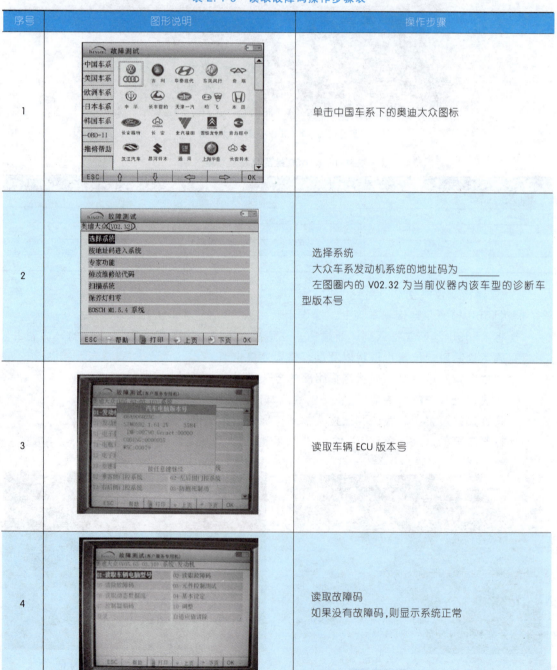	单击中国车系下的奥迪大众图标
2		选择系统 大众车系发动机系统的地址码为_____ 左图圈内的 V02.32 为当前仪器内该车型的诊断车型版本号
3		读取车辆 ECU 版本号
4		读取故障码 如果没有故障码,则显示系统正常

（续）

序号	图形说明	操作步骤
5	（清除故障码界面：正在清除故障码，请稍候！）	清除故障码

（2）**读取数据流** 使用KT600检测仪进行读取数据流的操作（以大众车型为例），请写出如下操作步骤：

1）选择车型。
2）_____
3）_____
4）_____
5）_____

（3）**执行元件测试** 通过执行元件测试功能的操作，可以检查相关元件的驱动电路和元件本身的工作情况。

请以北京现代伊兰特悦动车型为例，对发动机故障警告灯进行执行元件测试，根据图2.1-6和图2.1-7的提示，写出对发动机故障警告灯的测试步骤：

图2.1-6 动作测试界面

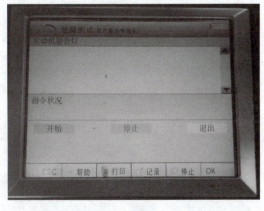

图2.1-7 动作执行界面

1）选择车型。
2）_____
3）_____
4）_____
5）_____

教师根据实际的任务完成情况，按照工作任务评分表（表2.1-6）给出成绩。

表2.1-6 工作任务评分表

序号	评分标准	配分	实得分
1	工作准备和工作过程的认真仔细程度和工作态度	10	
2	技术资料应用情况	10	
3	团队工作计划与分工	10	
4	测量与检查记录或文件记录	10	
5	按专业要求做工作任务	10	
6	按专业要求使用量具、检验器具及工具	10	
7	注意遵守劳动与环保规定	10	
8	做好将车辆/系统交给客户之前的准备工作	10	
9	团队配合与沟通	10	
10	在完成工作任务中教师的提问	10	
	合计分数		

2.2 发动机电控系统传感器检修

引言

当发动机电控系统传感器出现故障，对发动机运行信息的采集和监控就会受到影响，发动机就可能会出现故障，表现出故障现象。对某些传感器故障，电喷发动机的自诊断系统会将故障警告灯点亮，同时会存储故障码。要结合发动机的故障码和传感器的功能综合判断故障，还要掌握对传感器及其电路的检测方法，以便能够迅速排除故障。

学习目标

1. 掌握发动机电控系统各传感器的故障及对整个电控系统的影响。
2. 掌握发动机电控系统各传感器的检测方法、工艺流程和技术规范。
3. 掌握发动机电控系统各传感器数据分析的方法。
4. 了解发动机电控系统各传感器的故障案例。

2.2.1 曲轴位置传感器和凸轮轴位置传感器检修

任务目标

1. 掌握曲轴位置传感器和凸轮轴位置传感器的故障及对整个电控系统的影响。
2. 掌握曲轴位置传感器和凸轮轴位置传感器的检测方法、工艺流程和技术规范。
3. 掌握曲轴位置传感器和凸轮轴位置传感器数据分析的方法。

任务情景描述

客户报修：发动机行驶过程中熄火后，就不能够起动。初步判断故障是在传感器部分，如果你是维修技师，请拟定维修方案，排除故障。

实训准备

设备工具：1. 实习用车或电控发动机台架。
2. 万用表、示波器、接线笔和检测仪。
资料：相关车型维修手册、电路图和设备使用说明书。

任务实施

任务开始前，学生分成小组，并填写表2.2-1的内容。

1. 曲轴位置传感器（CKP）的检修

1）通过相关资料，查询曲轴位置传感器电路示意图（图2.2-1）。

2）读取故障码。

① 连接检测仪。在驾驶室驾驶人一侧找到诊断接口，将检测仪连接到接口上，并打开点火开关。

② 进入发动机系统。选择相应的车型，进入发动机系统。

表 2.2-1　任务实施准备项目表

任务名称		小组成员	
设备工具			
资料			
工作计划制订			
教师评语			

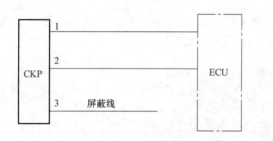 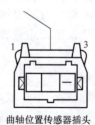

图 2.2-1　曲轴位置传感器电路示意图

③ 查询故障码，故障码为_____

④ 清除故障码，起动发动机后再读取故障码，观察故障码是否还存在。如果故障码还存在，说明_____

3）使用万用表检测曲轴位置传感器。

表 2.2-2 所示为使用万用表对曲轴位置传感器电阻、电压的测量检测单，请填写完整。

表 2.2-2　使用万用表对曲轴位置传感器电阻、电压的测量检测单

检测点	检测条件	测量值	标准值	结论
曲轴位置传感器电阻	卸下传感器接头,数字万用表转到电阻档			
传感器 1 脚到发动机 ECU 电阻				
传感器 2 脚到发动机 ECU 电阻				
屏蔽线对 1 脚、2 脚的电阻				
传感器 1 脚搭铁电压	点火开关打开,使用电压档测量			
传感器 2 脚搭铁电压				

4）使用示波器检查曲轴位置传感器。连接好示波器，使用示波器测量正确的波形，在下图框中画出曲轴位置传感器的波形图。

进行以下操作，并将结果填在横线上。

① 踩加速踏板，观察波形变化。
检查结果：＿＿＿＿＿＿＿＿＿＿＿＿＿＿＿＿＿＿＿＿＿
② 将曲轴位置传感器信号与搭铁短接。
检查结果：＿＿＿＿＿＿＿＿＿＿＿＿＿＿＿＿＿＿＿＿＿
③ 将曲轴位置传感器信号与正极短接。
检查结果：＿＿＿＿＿＿＿＿＿＿＿＿＿＿＿＿＿＿＿＿＿
④ 将曲轴位置传感器信号线短接。
检查结果：＿＿＿＿＿＿＿＿＿＿＿＿＿＿＿＿＿＿＿＿＿
⑤ 在发动机运行过程中，将曲轴位置传感器插接器拔下，观察发动机现象。
检查结果：＿＿＿＿＿＿＿＿＿＿＿＿＿＿＿＿＿＿＿＿＿

5）曲轴位置传感器元件拆装（以某车型为例）。
拆卸步骤如下：
① 断开蓄电池的负极。
② 拆卸空气滤清器。
③ 断开曲轴位置传感器的连接线束。
④ 拧下曲轴位置传感器固定到变速器壳体的螺栓，并拆卸传感器。

安装步骤如下：（请根据实训的车型，查阅资料填写）

① 清洁曲轴位置传感器和结合面。

② 固定曲轴位置传感器，装上螺栓并拧紧。固定螺栓的力矩为_____N·m，安装间隙为_____mm。

③ 把曲轴位置传感器的连接线束固定到安装支架上。

④ 装上空气滤清器。

⑤ 连上蓄电池的负极。

注意：用压入的方法而不是用锤击的方法安装。

2. 凸轮轴位置传感器（CMP）的检修

通过相关资料，查询凸轮轴位置传感器电路简图，如图 2.2-2 所示。

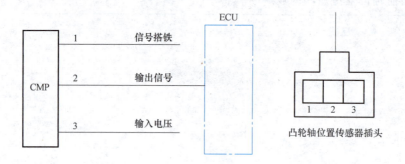

图 2.2-2 凸轮轴位置传感器电路简图

注意：当未关闭点火开关时，严禁拔下各传感器插接器，以免损坏 ECU。

（1）读取故障码的步骤 连接故障检测仪，打开点火开关，进入诊断系统读取故障码，故障码为_____。

（2）使用万用表对传感器及线路进行检测

1）线路的电压检测。接上插头，打开点火开关但不起动发动机，把数字万用表转到直流电压档，两表笔分别接传感器信号搭铁和输入电压两针脚，填写凸轮轴位置传感器电压数据测量表（表 2.2-3）。

表 2.2-3 凸轮轴位置传感器电压数据测量表　　　　　　　　　　（单位：V）

搭铁电压	1 搭铁	2 信号	3 电压输入
测量值			
标准值			
是否合格			

2）示波器检测。起动发动机，此时输出信号波形可由车用示波器检查是否正常。

① 用示波器测量凸轮轴位置传感器波形，如图 2.2-3 所示，写出示波器的连接方法：

图 2.2-3 用示波器测试凸轮轴位置传感器的连接

a. 连接好示波器的电源。
b._____
c._____
d._____

② 画出凸轮轴位置传感器在怠速时的波形。

③ 使用示波器同时测量曲轴位置传感器与凸轮轴位置传感器的波形。

(3) 凸轮轴位置传感器的拆装（以实训车型为准）
1) 凸轮轴位置传感器拆卸步骤（参考）。
① 关闭点火开关。

② 拆卸发动机装饰罩。
③ 断开凸轮轴位置传感器上插接器的连接。
④ 拆卸凸轮轴位置传感器固定到凸轮轴盖上的螺栓。
⑤ 拆下凸轮轴位置传感器并废弃密封。

2）请写出凸轮轴位置传感器安装步骤。

①＿＿＿＿＿＿＿＿＿＿＿＿＿＿＿＿＿＿＿＿＿＿＿＿＿＿＿＿＿＿＿＿＿＿
②＿＿＿＿＿＿＿＿＿＿＿＿＿＿＿＿＿＿＿＿＿＿＿＿＿＿＿＿＿＿＿＿＿＿
③＿＿＿＿＿＿＿＿＿＿＿＿＿＿＿＿＿＿＿＿＿＿＿＿＿＿＿＿＿＿＿＿＿＿
④＿＿＿＿＿＿＿＿＿＿＿＿＿＿＿＿＿＿＿＿＿＿＿＿＿＿＿＿＿＿＿＿＿＿

凸轮轴位置传感器螺栓力矩要求为＿＿＿＿＿＿N·m，安装间隙为＿＿＿＿＿＿mm。

注意：
拆装工具：螺纹旋具M6。
拆卸后对安装表面进行清理，确保没有油污。
用压入的方式安装，不允许用任何冲击性的工具（如锤子等）。
将相位传感器敲入安装孔。

完成任务后，教师根据实际情况填写工作任务评分表（表2.2-4）。

表2.2-4 工作任务评分表

序号	评分标准	配分	实得分
1	工作准备和工作过程的认真仔细程度和工作态度	10	
2	技术资料应用情况	10	
3	团队工作计划与分工	10	
4	测量与检查记录或文件记录	10	
5	按专业要求做工作任务	10	
6	按专业要求使用量具、检验器具及工具	10	
7	注意遵守劳动与环保规定	10	
8	做好将车辆/系统交给客户之前的准备工作	10	
9	团队配合与沟通	10	
10	在完成工作任务中教师的提问	10	
	合计分数		

2.2.2 进气压力传感器与空气流量计检修

1．掌握进气压力传感器（MAP）、空气流量计（MAF）的检测方法、工艺流程和技术规范。

2. 掌握进气压力传感器、空气流量计的故障及对整个电控系统的影响。

3. 掌握进气压力传感器、空气流量计数据分析的方法。

任务情景描述

客户报修：发动机在怠速时转速高。

实训准备

设备工具：1. 实习用车或电控发动机台架。
　　　　　2. 万用表、示波器、接线笔和检测仪。
资料：相关车型维修手册、电路图和设备使用说明书。

任务实施

任务开始前，学生分成小组，并填写表2.2-5的内容。

表2.2-5　任务实施准备项目表

任务名称		小组成员	
设备工具			
资料			
工作计划制订			
教师评语			

1. 进气压力传感器的检修

（1）**进气压力传感器电路图**　通过查阅维修资料，找到相关车型（以宝来1.6L车型为例）进气压力传感器的电路图，如图2.2-4所示，现在多数汽车进气压力传感器与进气温度传感器做成一体。

（2）**读取故障码**　故障设置：关闭点火开关，拔下传感器插头起动发动机，使发动机运转1min后，熄火。

48　发动机电控系统构造与检修

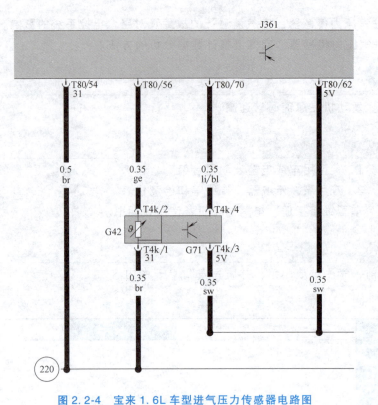

图 2.2-4　宝来 1.6L 车型进气压力传感器电路图
G71—凸轮轴位置传感器　G42—进气温度传感器　J361—发动机 ECU
220—传感器搭铁

① 打开点火开关，连接故障检测仪，进入诊断界面。
② 进入发动机系统，读取故障码。
故障码为＿＿＿＿＿＿＿＿＿＿＿＿＿＿＿＿＿＿＿＿＿＿＿＿＿＿＿＿＿
观察发动机故障警告灯是否点亮＿＿＿＿＿＿＿＿＿＿＿＿＿＿＿＿＿＿
③ 清除故障码后，起动车辆，再次读取故障码，是否仍有故障码＿＿＿＿＿

（3）读取数据流

1) 按要求连接好检测仪。
2) 进入发动机系统，读取数据流。
怠速时读到进气压力的数据流为＿＿＿＿＿＿＿＿＿＿＿＿＿＿＿＿
当发动机以 2000r/min 运转时，读到进气压力的数据流为＿＿＿＿＿＿＿＿
3) 设置好故障，再次读取进气压力的数据流为＿＿＿＿＿＿＿＿＿＿

（4）使用示波器测试波形
1) 将示波器的测试笔连接到进气压力传感器的信号输出线。
2) 发动机怠速运转。
测试正确的波形如下：

(5) 使用万用表测试传感器

1) 传感器插接器电压测试。使用万用表的电压档，选择合适的量程，分别测试传感器插接器与线束连接端各脚搭铁电压，填入下表（以宝来车型为例）。

① 测试条件。点火开关打开，发动机不着车，填写表2.2-6和表2.2-7的内容。

表2.2-6　进气压力和温度传感器测量表一　　　　　　　　　　　　（单位：V）

各接脚搭铁电压	测量值	标准值	是否合格
1号脚（搭铁脚）			
2号脚（进气温度传感器信号）			
3号脚（进气压力传感器电源）			
4号脚（进气压力传感器信号）			

② 测试条件。发动机怠速运转。

表2.2-7　进气压力和温度传感器测量表二　　　　　　　　　　　　（单位：V）

各接脚搭铁电压	测量值	标准值	是否合格
1号脚（搭铁脚）			
2号脚（进气温度传感器信号）			
3号脚（进气压力传感器电源）			
4号脚（进气压力传感器信号）			

2) 传感器导通性测试。将数字万用表设置在电阻档，断开传感器插接器，在面板上按电路图找到进气压力传感器和进气温度传感器的针脚号与ECU信号测试端口相应的针脚号。测试传感器与发动机导线的导通性，填写表2.2-8。

表2.2-8　传感器信号线导通性测试表

测试导通性	电阻	是否导通
T80/56-T4K/2		
T80/70-T4K/4		

3) 进气温度传感器电阻测试。测试条件：断开传感器插接器，线束短路性测试将数字万用表设置在电阻档，测量进气压力传感器针脚T4K/2与T4K/1针脚之间在室温下的电阻，电阻值为_____是否合格_____

2. 空气流量计检修

(1) 查阅空气流量计电路图　通过查找资料，大众某车型空气流量计电路图如图2.2-5所示。

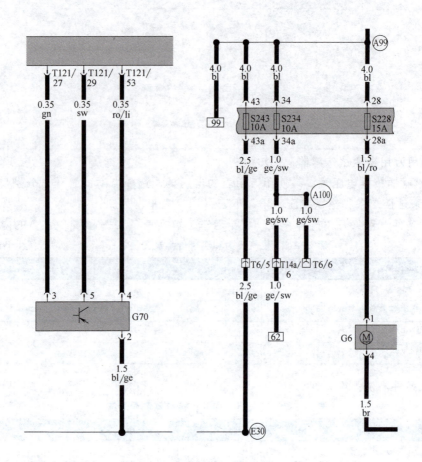

图 2.2-5 大众某车型空气流量计电路图

(2) 使用检测仪进行测试

1) 读取故障码。

① 故障设置。断开空气流量计插头,起动发动机。

观察故障现象

故障现象描述：

② 打开点火开关,连接检测仪,进入发动机系统,读取故障码。

故障码为_____

2) 使用检测仪读取数据流（以大众桑塔纳 3000 台架为例）。操作的地址码：08-05-02。

① 怠速转速测试结果,填写表 2.2-9。

表 2.2-9　空气流量计怠速转速测试表

测试项目	测试值	标准值	是否合格
空气流量计数据		2.0~5.0g/s	

② 当发动机以 2000r/min 时，填写表 2.2-10。

表 2.2-10　空气流量计 2000r/min 转速测试表

测试项目	测试值	标准值	是否合格
空气流量计数据			

如果数据不正确，请分析原因。

(3) 使用万用表测试

1) 电压测试。拔下空气流量计插接器，测量连接线束一侧，完成表 2.2-11 的填写。

表 2.2-11　空气流量计测量检查表　　　　　　　　　　（单位：V）

	测量值	标准值	是否合格
2 脚搭铁电压		12	
4 脚搭铁电压		4.5~5.5	
5 脚搭铁电压			
3 脚搭铁电压			

2) 导通性测试。请测试空气流量计插接器各端子到发动机 ECU 的导线导通性，并填写测量表 2.2-12。

表 2.2-12　空气流量计与发动机 ECU 导线的导通性测试

测试导通性	电阻/Ω	是否合格
4 脚-T121/53		
5 脚-T121/29		
3 脚-T121/27		

完成任务后，教师根据实际情况填写表 2.2-13。

表 2.2-13　工作任务评分表

序号	评分标准	配分	实得分
1	工作准备和工作过程的认真仔细程度和工作态度	10	
2	技术资料应用情况	10	
3	团队工作计划与分工	10	
4	测量与检查记录或文件记录	10	
5	按专业要求做工作任务	10	
6	按专业要求使用量具、检验器具及工具	10	
7	注意遵守劳动与环保规定	10	
8	做好将车辆/系统交给客户之前的准备工作	10	
9	团队配合与沟通	10	
10	在完成工作任务中教师的提问	10	
合计分数			

2.2.3 节气门体和加速踏板位置传感器检修

任务目标

1. 掌握节气门体和加速踏板位置传感器的检测方法、工艺流程和技术规范。
2. 掌握节气门体和加速踏板位置传感器故障及对整个电控系统的影响。
3. 掌握节气门体和加速踏板位置传感器数据分析的方法。

任务情景描述

客户报修：当汽车在行驶时，出现怠速不稳、加速无力的现象，同时EPC（发动机电子节气门控制系统）灯报警。你做为维修技师要为客户的车辆进行检查与故障排除。

实训准备

设备工具：1. 实习用车或电控发动机台架。
2. 万用表、示波器、接线笔和检测仪。
资料：相关车型维修手册、电路图和设备使用说明书。

任务实施

任务开始前，学生分成小组，并填写表2.2-14的内容。

表2.2-14 任务实施准备项目表

任务名称		小组成员	
设备工具			
资料			
工作计划制订			
教师评语			

1. 节气门体的检修（以大众 POLO 轿车为例）

(1) 查阅电路图 查阅维修手册，节气门位置传感器及节气门电动机电路图如图 2.2-6 所示。

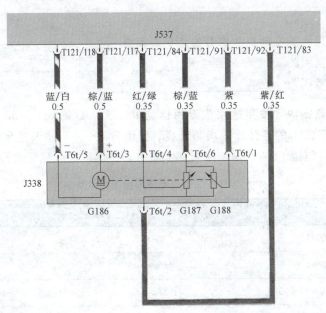

图 2.2-6　节气门位置传感器及节气门电动机电路图
J338—节气门体　G186—节气门驱动装置　G187—节气门位置传感器 1
G188—节气门位置传感器 2　J537—发动机 ECU

(2) 使用万用表进行电压、电阻检测

1) 检查 G187 和 G188 的功能。接通点火开关，慢慢将加速踏板踩到底，在不拔下导线侧插接器的条件下，测量 G187 侧插接器端子 4 与端子 2 之间的电压，应由 _____ V 向 _____ V 逐渐增大；测量 G188 侧插接器端子 1 与端子 2 之间的电压，应由 _____ V 向 _____ V 逐渐减小。

否则，应更换 J338。若无信号时，则应检查供电和导线是否有故障。

2) 检查 G186。断开点火开关，从 J338 上拔下导线侧插接器，用万用表测量节气门控制单元侧插接器端子 3 和端子 5 之间的电阻，也就是节气门电动机的电阻 $R=$ _____ （标准值为 1~5Ω）。否则应更换 J338。

3) 检查 J338 的供电。从 J338 上拔下导线侧插接器，接通点火开关，测量 J338 导线侧插接器端子 2 与端子 6 之间的电压，$U_{26}=$ _____ 正确值在 4.5V 以上。

4) 检查 J338 与 J537 之间的导线。测量 J338 导线侧插接器与 J537 导线侧插接器相应的端子，各段导线的电阻均应不大于 1.5Ω，各导线间的电阻应为 ∞。若导线正常，当 J338 仍不能工作时，则应更换 J537。

$R1-92=$　　　　　　$R2-83=$　　　　　　$R3-117=$
$R4-84=$　　　　　　$R5-118=$　　　　　　$R6-91=$

判断各段导线的电阻值是否合格。

（3）设置故障读取故障码 故障设置：拔下传感器的插头，起动车辆。

1）观察故障现象，描述故障现象：_____

_____

2）观察仪表盘上的发动机故障警告灯是否点亮_____

3）观察仪表盘上的EPC灯是否点亮_____

4）记录的故障码为_____

（4）读取测量数据块 使用通用或专用检测仪，读取数据块01-08-062。慢慢地将加速踏板踩到底，显示区1的百分比应均匀升高，范围8%~60%并未完全使用。显示区2的百分比应均匀下降，范围60%~94%并未完全使用。将读取的数据记录在表2.2-15中。

表2.2-15 节气门位置传感器数据块表

序号	读取数据块062	屏幕显示 理论值	实际测量值
1	节气门角度G187	8%~60%	
2	节气门角度G188	60%~94%	
3	加速踏板位置传感器G79	12%~97%	
4	加速踏板位置传感器G185	4%~49%	

（5）节气门的基本设定

请写出大众POLO节气门体的基本设定步骤：

_____

_____

_____

_____

使用检测仪读取设定后的数据块，并填写表2.2-16。

表2.2-16 节气门基本设定数据块表

序号	读取数据块062	屏幕显示 理论值	实际测量值
1	节气门角度G187	8%~60%	
2	节气门角度G188	60%~94%	
3	自学习步数	0~9	
4	匹配状态	ADP OK/ADP Running/ADP ERROR	

注意：电子节气门为密封体，且内部无法维修，服务站在维修过程中禁止拆卸阀体。更换节气门后要做基本设定。

2. 加速踏板位置传感器的检修

（1）阅读电路图　查阅维修手册，大众速腾加速踏板位置传感器及节气门电动机电路图及说明如图 2.2-7 所示。

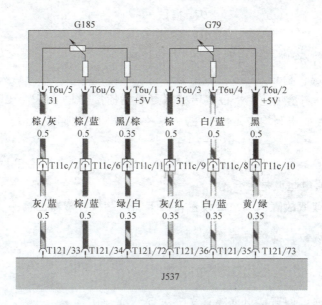

图 2.2-7　加速踏板位置传感器电路图

J537—发动机 ECU　G185—加速踏板位置传感器 2　G79—加速踏板位置传感器

（2）加速踏板位置传感器电压、电阻检测　加速踏板两个信号之间的关系是一个信号是另一个信号电压的 2 倍。

在发动机正常状态下，用检测仪读出来加速踏板位置传感器的数据，并填写。

在怠速位置时，信号 1 的电压为_____，信号 2 的电压为_____。

1）检测仪测量数据。

① 点火开关打开，不起动，不踩加速踏板时传感器 APP1、APP2 输出电压信号如下：
APP1：_____V　　APP2：_____V

② 点火开关打开，不起动，将加速踏板踩到底时传感器输出电压信号如下：
APP1：_____V　　APP2：_____V

2）根据电路图检查加速踏板位置传感器功能。

① 检查 G187 和 G188 的功能。接通点火开关，慢慢将加速踏板踩到底，在不拔下导线侧插接器的条件下：

a. 测量 G79 插接器端子 4 与端子 3 间的电压，应由_____V 向_____V 逐渐升高；端子 6 搭铁电压为_____。

b. 测量 G185 插接器端子 6 与端子 5 间的电压，应由_____V 向_____V 逐渐升高。怠速时端子 4 搭铁电压为_____。

G79 比 G185 的电压一直是高出一倍，若达不到此要求，表示传感器有故障，应更换。

② 检查 G186。断开点火开关，从 J338 上拔下导线侧插接器，用万用表测量节气门控制单元侧插接器端子 3 和端子 5 之间的电阻，也就是节气门电动机的电阻 $R=$_____（标

准值为 1~5Ω）。否则应更换 J338。

③ 检查供电情况。从加速踏板位置传感器上拔下导线侧插接器，接通点火开关，测量导线侧插接器：

U2-3 =   U2-搭铁 =
U1-5 =   U1-搭铁 =

均应大于 4.5V，否则表示电路或 J537 有故障。

④ 检查电路情况，检查 G185、G79 与 J537 之间的导线。断开点火开关，从 J537 上拔下导线侧插接器，测量加速踏板位置传感器导线侧插接器与 G185、G79 导线侧插接器相应的端子，各段导线的电阻均应不大于 1.5Ω，各导线间的电阻应为 ∞。

R1-72 =   R2-73 =   R3-36 =
R4-35 =   R5-33 =   R6-34 =

判断各段导线的电阻值是否合格。

(3) 设置故障读取故障码　故障设置：拔下加速踏板传感器的插头，起动车辆。

1）观察故障现象，描述故障现象：

2）观察仪表盘上的发动机故障警告灯是否点亮＿＿＿＿＿＿＿＿＿＿＿＿＿＿＿＿
3）观察仪表盘上的 EPC 灯是否点亮＿＿＿＿＿＿＿＿＿＿＿＿＿＿＿＿＿＿＿＿
4）记录的故障码为＿＿＿＿＿＿＿＿＿＿＿＿＿＿＿＿＿＿＿＿＿＿＿＿＿＿＿＿

(4) 用检测仪读取数据流　选择地址码输入 01-08-062，按实际情况填写表 2.2-17。发动机控制单元将传感器的电压值转换成百分比（以 5V 为基数）的形式并显示该百分比的值。慢慢将加速踏板踩到底，观察显示区 3 和 4 的百分比变化。显示区 3 的百分比应均匀升高，公差范围 12%~97% 而且并未完全使用。显示区 4 的百分比值也同样均匀升高，公差范围 4%~49% 也并未完全使用。显示区 3 中的显示值总应是显示区 4 中显示值的 2 倍。如果未达到规定标准，检查供电及导线连接，填写表 2.2-17。

表 2.2-17　加速踏板位置传感器数据块表

序号	读取数据块 062	屏幕显示　理论值	实际测量值
1	节气门角度 G187	8%~60%	
2	节气门角度 G188	60%~94%	
3	加速踏板位置传感器 G79	12%~97%	
4	加速踏板位置传感器 G185	4%~49%	

(5) 加速踏板的设定　带自动变速器的车辆，更换发动机控制单元和加速踏板后，应进行强制低档的基本设定。设定方法为踩下加速踏板到底，触动牵制低档开关，并保持 3s 以上，观察显示区 3 和 4。选择地址码输入 01-08-063，按实际情况填写表 2.2-18。

表 2.2-18　加速踏板位置传感器基本设定表

序号	读取数据块 063	屏幕显示　　　理论值	实际测量值
1	加速踏板位置传感器 G79	12%～97%	
2	加速踏板位置传感器 G185	4%～49%	
3	加速踏板位置	Kick Down	
4	操作模式	ADP OK/ADP Running/ADP ERROR	

完成任务后，教师根据实际情况填写表 2.2-19。

表 2.2-19　工作任务评分表

序号	评分标准	配分	实得分
1	工作准备和工作过程的认真仔细程度和工作态度	10	
2	技术资料应用情况	10	
3	团队工作计划与分工	10	
4	测量与检查记录或文件记录	10	
5	按专业要求做工作任务	10	
6	按专业要求使用量具、检验器具及工具	10	
7	注意遵守劳动与环保规定	10	
8	做好将车辆/系统交给客户之前的准备工作	10	
9	团队配合与沟通	10	
10	在完成工作任务中教师的提问	10	
	合计分数		

2.2.4　冷却液温度传感器的检测

任务目标

1．学会冷却液温度传感器的检测方法。
2．能够判断冷却液温度传感器的相关故障。

任务情景描述

客户报修，当汽车行驶时，冷却液温度警告灯点亮，风扇高速运转，请对车辆进行检查。

实训准备

设备工具：1．实习用车或电控发动机台架。
　　　　　2．万用表、示波器、接线笔和检测仪。
资料：相关车型维修手册、电路图和设备使用说明书。

任务实施

任务开始前，学生分成小组，并填写表 2.2-20 的内容。

表 2.2-20 任务实施准备项目表

任务名称		小组成员	
设备工具			
资料			
工作计划制订			
教师评语			

1. 冷却液温度传感器检修

（1）**使用万用表对冷却液温度传感器进行检测** 查找相关维修资料，找到奇瑞 A3 冷却液温度传感器电路图如图 2.2-8 所示。

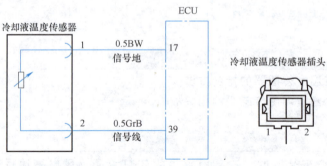

图 2.2-8 奇瑞 A3 冷却液温度传感器电路图

1）电阻检测。冷却液温度传感器电阻检测方法如图 2.2-9 所示，拔下冷却液温度插接器，把数字万用表转到电阻档，两表笔分别接传感器 1 号、2 号针脚，20℃时额定电阻为_____Ω，其他可由特征曲线量出。

测量时也可用模拟的方法，具体为把传感器工作区域放进 90℃ 热水里（注意浸泡的时间要充分），观察传感器电阻的变化，此时电阻值为_____Ω。

2）电压检测。断开连接插头，点火开关打开，测量插头侧的各个针脚其输出信号。

测量 1 号脚搭铁电压 U_1-搭铁 =_____V

测量 2 号脚搭铁电压 U_2-搭铁 =_____V

图 2.2-9 冷却液温度传感器电阻检测方法

3)导通性检测。端子 1 与端子 17 的电阻为 _____ 正确值应小于 1.5Ω。端子 2 与端子 39 的电阻为 _____。

(2) 使用检测仪对冷却液温度传感器检测

1)冷却液温度传感器故障码检测。设置拔下冷却液温度传感器插头的故障,读出的冷却液温度传感器故障码为 _____。

当 ECU 检测到冷却液温度信号高于或低于极限值的时候,故障灯点亮;当冷却液温度信号不稳定时,发动机记录故障码,但发动机故障灯不亮。

2)检测仪测量数据流。
① 当冷却液温度为 60℃时传感器电压为 _____ V。
② 当冷却液温度为 80℃时传感器电压为 _____ V。
③ 当冷却液温度为 90℃时传感器电压为 _____ V。

(3) 冷却液温度传感器拆装 请根据实训用车写出冷却液温度传感器安装的如下步骤:
1)清洁冷却液温度传感器、缸体的结合面。
2)把新的密封圈装到传感器上。
3)装上冷却液温度传感器并拧紧至 _____ N·m。
4)_____

2. 进气温度传感器的检修

进气温度传感器的工作原理与冷却液温度传感器基本相同,故检测方法也基本相同。完成任务后,教师根据实际情况填写表 2.2-21。

表 2.2-21 工作任务评分表

序号	评分标准	配分	实得分
1	工作准备和工作过程的认真仔细程度和工作态度	10	
2	技术资料应用情况	10	
3	团队工作计划与分工	10	
4	测量与检查记录或文件记录	10	

(续)

序号	评分标准	配分	实得分
5	按专业要求做工作任务	10	
6	按专业要求使用量具、检验器具及工具	10	
7	注意遵守劳动与环保规定	10	
8	做好将车辆/系统交给客户之前的准备工作	10	
9	团队配合与沟通	10	
10	在完成工作任务中教师的提问	10	
	合计分数		

2.2.5 氧传感器和三元催化器的检修

任务目标

1．掌握氧传感器的各种测试方法。
2．了解氧传感器的常见故障。
3．掌握三元催化器（三元催化转化器）的检修方法。

任务情景描述

客户报修，汽车仪表盘上的发动机故障警告灯点亮，经检查为氧传感器故障，请为车辆更换前氧传感器。

实训准备

设备工具：1．实习用车或电控发动机台架。
　　　　　2．万用表、示波器、接线笔和检测仪。
资料：相关车型维修手册、电路图和设备使用说明书。

任务实施

任务开始前，学生分成小组，并填写表2.2-22的内容。

表2.2-22　任务实施准备项目表

任务名称		小组成员	
设备工具			
资料			
工作计划制订			
教师评语			

1. 氧传感器检修

(1) 氧传感器的故障现象

1) 当氧传感器或线路有故障时,容易产生下列故障:

① 废气排放超标。

② 怠速不稳。

③ 空燃比不正确。

④ 油耗上升。

2) 氧传感器失效后,会使发动机怠速运转不稳,油耗增加,排气管冒黑烟。常见的故障是氧传感器因堵塞中毒而失效。产生上述故障的原因主要有以下几点:

① 氧传感器的陶瓷硬而脆,用硬物敲击或用强烈气流吹洗都可能使其碎裂而失效。处理时要特别小心,发现问题要及时更换。

② 当氧传感器内部进入油污或尘埃等沉积物时,阻碍外部空气进入氧传感器内部,会使传感器的输出信号改变,不能正确修正空燃比。表现为油耗上升,排放浓度明显增加,此时将沉积物除净就会使其恢复正常工作。

③ 氧传感器中毒,尤其是在以前使用加铅汽油,使氧传感器铅中毒而失效。另外,氧传感器发生硅中毒也是常有的事。汽油和机油中含有的硅化合物燃烧后生成的二氧化硅,硅橡胶密封垫圈使用不当散发出的有机硅气体,都会使传感器失效,因此,要使用质量高的燃油和机油。修理时要正常选用和安装橡胶垫,传感器上涂制造厂规定使用的溶剂和防粘剂等。

④ 对于加热型氧传感器,如果加热器电阻烧蚀,很难使传感器达到正常工作温度而失去作用。一般加热电阻的阻值为 5~7Ω,如果电阻值为无穷大,则应更换传感器。

(2) 氧传感器的就车检查 通过观察氧传感器的颜色,可简易判断氧传感器的故障。

① 淡灰色顶尖,是氧传感器的正常颜色。

② 白色顶尖,由硅污染造成的,此时必须更换氧传感器。

③ 棕色顶尖,由铅污染所致。

④ 黑色顶尖,由积炭造成。

(3) 氧传感器引起的系统故障 氧传感器损坏后最直接的表现就是发动机油耗增加,排气管冒黑烟,加速性能及驾驶性能会有一定的影响。

故障一般原因如下:

1) 潮湿水汽进入传感器内部,温度骤变,探针断裂。

2) 氧传感器"中毒"(Pb、S、Br、Si)。

(4) 氧传感器检测 经过查阅资料,奇瑞 A3 氧传感器电路图如图 2.2-10 所示。

1) 电阻、电压检测。前氧传感器简易故障检测如下:

卸下插头,把数字万用表转到电阻档,两表笔分别接传感器 1 号(白色)、2 号(白色)针脚,即加热电阻,常温下其阻值为 2.5~4.9Ω,实测值为 _____ Ω。

接上插头,在怠速状态下,待氧传感器达到其工作温度 350℃时,把数字万用表转到直流电压档,两表笔分别接传感器 3 号(灰色)、4 号(黑色)针脚,此时电压应在 0.1~0.9V 范围内快速地波动。实测值为 _____ Ω。

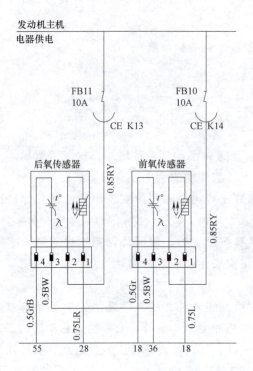

图 2.2-10 奇瑞 A3 氧传感器电路图

前氧传感器：

1号：加热控制接ECU的48号0.75L

2号：主继电器供电0.85RY

3号：信号－接ECU的36号0.5BW

4号：信号＋接ECU的18号0.5Gr

后氧传感器：

1号：加热控制接ECU的28号0.75LR

2号：主继电器供电0.85RY

3号：信号－接ECU的36号0.5BW

4号：信号＋接ECU的55号0.5GrB

2）故障码和数据流的检测。

氧传感器出现故障后，燃油定量闭环控制关闭，采用存储在ECU中的基本喷油时间进行燃油定量。

某车型的前氧传感器故障码如下：

P0030——前氧传感器加热控制电路故障。

P0031——前氧传感器加热控制电路电压过低。

P0032——前氧传感器加热控制电路电压过高。

P0130——前氧传感器信号不合理。

P0131——前氧传感器信号电路电压过低。

P0132——前氧传感器信号电路电压过高。

P0134——前氧传感器信号电路故障。

P0135——前氧传感器加热控制电路不合理。

若将氧传感器插头拔下，读出的故障码及其含义为_____。

氧传感器对电压短路、对地断路，信号超出公差范围，故障灯都会点亮。后氧传感器的检测方法同前氧传感器的检测方法相同。

注意：后氧传感器的数据流在正常情况下其数值变化很小，基本上没有什么变化，只有在急踩加速踏板或者急减速的时候才会有短时间的变化，如果后氧传感器的数据流和前氧的变化频率、幅度相似，则说明三元催化器损坏，需要更换三元催化器。

3) 大众汽车检测方法。

① λ 调节检查。

检查条件：冷却液温度不低于 80℃，排气系统无泄漏。

进入发动机系统，01-08-30，第一区见表 2.2-23，规定值为 111。

表 2.2-23　01-08-30 测量值记录表

30λ 调节	三元催化器前 Lambda 调节状态	实测值
	111	
分析结果	若为 1：第 1 位：Lambda 加热器已接通/第 2 位：Lambda 调节已准备好/第 3 位：Lambda 调节器在工作	

如果未达到标准值，检查加热器（01-08-041）；如果达到规定值，进入 32 组，检查第一区和第二区，见表 2.2-24。

② 检查氧传感器加热器。

检测条件：熔丝正常，蓄电池正常，油泵继电器正常。

表 2.2-24　数据块 41 测量值记录表

序号	读取数据块 41	屏幕显示	
		理论值	评价
1	催化净化器前氧传感器电阻值		
2	催化净化器前氧传感器加热器状态	Htg.bc.on.off	

说明：根据发动机不同的工况，加热器可能接通或关闭，显示区出现 ON 或 OFF 交替变化。测量 1 和 2 之间电压，当 ON 时，应为 11.0~14.5V，ON/OFF 交替显示，规定值为 0~12V 波动。

③ 三元催化器前氧传感器的自诊断。

在基本设定下检查前氧传感器的老化情况。

发动机高怠速运转，进入发动机控制单元 04 基本设定，见表 2.2-25。

表 2.2-25　04-基本设定

序号	基本设定 31	屏幕显示	
		理论值	评价
1	发动机转速	1800~2200r/min	
2	催化净化器温度	Min350℃	
3	催化净化器前氧传感器周期	Max 2.5s	
4	前氧传感器的老化检查结果	B1-S1OK	

说明：

显示区 2：是从发动机转速和负荷计算出的值。

显示区 3 和 4：周期表示氧传感器两次电压跳变（如浓—稀—浓）的时间，因此可用来表示氧传感器的老化状况。如果超出规定时间，显示区 4 显示 B1-S1 ni.o。

第 4 区先是从 test on，经过一段时间的检测，变为 B1-S1 OK。

4）氧传感器波形分析。波形测试方法：起动发动机使氧传感器加热至 315℃以上，发动机处于闭环工作状态，利用跨接线或探头与传感器插接器信号端子相连，观察氧传感器的信号波形，画出波形图。

5）宽量程氧传感器检测。宽量程氧传感器和氧化锆氧传感器由于其结构原理不同，所以检测也不同：氧化锆氧传感器直接利用电压信号作为测量值；而宽量程氧传感器将经过特殊处理和控制的泵氧元供给电流作为测量过量空气系数的参数，这样传感器产生的就不是阶跃函数性质的响应，而是连续递增的信号。当检测宝来车三元催化器的前后氧传感器时，可以利用 V.A.G1551 通过读取数据流的方法进行诊断分析，显示组 33 第二区显示的是三元催化器前的宽量程氧传感器电压值，显示组 36 第一区显示的是三元催化器后的氧化锆氧传感器的电压值。宽量程氧传感器的电压值应在 1~2V 范围内来回变化，当电压信号出现在 1.5V 以下时，说明混合气过浓；当电压信号出现在 1.5V 以上时，说明混合气过稀；当电压出现恒定值 1.5V、4.9V、0 时都说明氧传感器线路出现故障；三元催化器后的氧化锆氧传感器的电压值应在 0.5~0.8V 范围内稍微变动（而不是 0~1V 范围内来回变化）；当电压出现恒定值 1.1V、0.4~0.5V、0 时都说明氧传感器线路出现故障。

6）元件拆装（以奇瑞 A3 为例）。

① 前氧传感器拆卸。

a．举升车辆的前部。

b．从线束夹子上松开氧传感器的导线。

c．松开并断开氧传感器线束的连接。

d．从排气歧管上拆卸氧传感器。

② 安装。

a．清洁氧传感器和排气歧管的结合面。

b．装上氧传感器并拧紧至 40~60N·m。

c．把氧传感器的线束连接到传感器上并固定到线束支架上。

d．放低车辆。

后氧传感器拆卸和安装参考前氧传感器。

③ 维修注意事项。

a．在维修过程中禁止在氧传感器上使用清洗液、油性液体或挥发性固体。

b. 更换氧传感器后应该在氧传感器上涂抹一层防锈油，防止生锈后无法拆除。氧传感器都带有电缆，电缆的另一端为电插头。外围包有石棉防火套，新的氧传感器螺纹上涂抹有防锈油，安装时不要清除这些防锈油。

2. 车用三元催化器的故障及诊断

汽车在使用过程中容易受到路面的限制，产生拖底或强烈振动，造成三元催化器的碰撞，致使三元催化器载体破碎，容易阻塞排气通道，造成动力性能下降、燃油消耗增加和排放恶化等。由于供油系统和点火系统等的故障，发动机过热、回火，造成三元催化器载体烧结、剥落，排气阻力增大，同样也会产生上述的不良影响。另外，由于燃油或机油使用不当，造成催化剂中毒、活性下降，催化转化效率受到影响，进而使汽车排放性能恶化。

当对三元催化器进行机械故障诊断时，可从以下几个方面着手：

(1) 外观检查 检查三元催化器在行驶中是否受到损伤以及是否过热。将车辆升起之后，观察三元催化器表面是否有凹陷，如有明显的凹痕和刮擦，则说明三元催化器的载体可能受到损伤。观察三元催化器外壳上是否有严重的褪色斑点或略有呈青色和紫色的痕迹，在三元催化器防护罩的中央是否有非常明显的暗灰斑点，如有则说明三元催化器曾处于过热状态，需做进一步的检查。用拳头敲击并晃动三元催化器，如果听到有物体移动的声音，则说明其内部催化剂载体破碎，需要更换三元催化器。同时要检查三元催化器是否有裂纹，各连接是否牢固，各类导管是否有泄漏，如有则应及时加以处理。此方法简单有效，可快速检查三元催化器的机械故障。

由于催化剂载体破损剥、油污聚集，容易阻塞载体的通道，使流动阻力增大，这时可通过测量其压力损失来进行检查。

(2) 背压试验 在三元催化器前端排气管的适当位置上打一个孔，接出一个压力表，起动发动机，在怠速和2500r/min时，分别测量排气背压，如果排气背压不超过发动机所规定的限值，则表明催化剂载体没有被阻塞。

如果排气背压超过发动机所规定的限值，则需将三元催化器后端的排气系统拆掉，重复以上的试验，如果三元催化器阻塞，排气背压仍将超过发动机所规定的限值。如果排气背压下降，则说明消声器或三元催化器下游的排气系统出现问题，破碎的催化剂载体滞留在下游的排气系统中，所以首先进行外观检查确认催化剂载体完整是非常必要的。对有问题的排气管、消声器和三元催化器也可通过测量其前后的压力损失来判断。

(3) 真空试验 将真空表接到进气歧管，起动发动机，使其从怠速逐渐升至2500r/min，观察真空表的变化，如果这时真空度下降，则保持发动机转速2500r/min不变，且此后真空度读数明显下降，则说明三元催化器有阻塞。

因为三元催化器的阻塞在真空试验中是一个渐变的过程，而此试验是一个稳态的过程（2500r/min），真空度读数不会产生明显的下降。如果是在试验室进行一个三元催化器阻塞前后的对比检查，三元催化器阻塞后，进气歧管真空度会发生明显下降，如果进气歧管真空度下降，并不能完全说明是由三元催化器阻塞造成的。当发动机供油量减少时，进气歧管的真空度也会下降。因此与真空试验相比，排气背压试验更能真实反映三元催化器的情况。

以上方法只能检查三元催化器机械故障，三元催化器的性能好坏，也就是其转化效率的高低，则需要通过下列的检查来判断：

(4) 加热法 三元催化器在正常工作状态下，由于氧化反应产生了大量的反应热，因此可通过温差对比来判断三元催化器性能的好坏。起动发动机，预热至正常工作温度，将发动机转速维持在2500r/min左右，将车辆举升，用数字式温度计（接触式或非接触式红外线激光温度计）测量三元催化器进口和出口的温度，需尽量靠近三元催化器（50mm内）。三元催化器出口的温度应至少高于进口温度10%~15%，大多数正常工作的三元催化器，其三元催化器出口的温度高于进口温度20%~25%。如果车辆在主三元催化器之前还安装了副三元催化器，主三元催化器出口温度应高于进口温度15%~20%，如果出口温度值低于以上的范围，则三元催化器工作不正常，需更换；如果出口温度值超过以上范围，则说明废气中含有异常高浓度的CO（一氧化碳）和HC（碳氢化合物），需对发动机本身做进一步的检查。

（5）**其他方法** 通过对车辆排放情况来判断催化转化器效率的方法是不科学的。因为汽车排放的好坏与各系统的工作状况有关，不可排除的误差因素较多。如用冷热怠速时的排气浓度变化来检查三元催化器转化效率就是不太准确的方法。当发动机冷车时，由于气缸壁较冷，燃烧不完全而产生大量的CO和HC；当发动机热车怠速时，由于燃烧条件好转，发动机已处于闭环控制状态，不需要三元催化器的作用，排气浓度也会大大降低。因此，此项检查不能保证仅仅针对三元催化器的转化效率，可比性较差。

完成任务后，教师根据实际情况填写表2.2-26。

表2.2-26 工作任务评分表

序号	评分标准	配分	实得分
1	工作准备和工作过程的认真仔细程度和工作态度	10	
2	技术资料应用情况	10	
3	团队工作计划与分工	10	
4	测量与检查记录或文件记录	10	
5	按专业要求做工作任务	10	
6	按专业要求使用量具、检验器具及工具	10	
7	注意遵守劳动与环保规定	10	
8	做好将车辆/系统交给客户之前的准备工作	10	
9	团队配合与沟通	10	
10	在完成工作任务中教师的提问	10	
	合计分数		

2.2.6 爆燃传感器的检修

任务目标

1. 学会爆燃传感器的检测方法。
2. 能够判断爆燃传感器的相关故障。

任务情景描述

客户报修，一辆汽车受到撞击后需要更换新的爆燃传感器，请为车辆更换爆燃传感器。

实训准备

设备工具：1. 实习用车或电控发动机台架。
　　　　　2. 万用表、示波器、接线笔和检测仪。
资料：相关车型维修手册、电路图和设备使用说明书。

任务实施

任务开始前，学生分成小组，并填写表 2.2-27 的内容。

表 2.2-27　任务实施准备项目表

任务名称		小组成员	
设备工具			
资料			
工作计划制订			
教师评语			

1. 爆燃传感器引起的系统故障

当爆燃传感器故障时，车辆可能会出现以下现象：

1）发动机发生不规则的金属敲击声。

2）发动机过热，冷却液温度过高。

3）燃料燃烧不完全，排气中有大量黑烟。

4）发动机功率下降，油耗上升。

5）当发动机严重爆燃时，发动机气门、活塞等会烧蚀，曲轴轴承、火花塞等也会损坏。

2. 爆燃传感器检修

(1) 元件位置　学生指出位置。

写出具体位置＿＿＿＿＿＿＿＿＿＿＿＿＿＿＿＿＿＿＿＿＿＿＿＿＿＿＿＿＿＿＿

（2）**元件检测**　爆燃传感器一般不容易损坏，在拆装爆燃传感器的时候一定要注意传感器和发动机机体接触面上不能有污物，不能加装任何垫片，该传感器损坏后，对发动机的经济性和排放都有比较大的影响。爆燃传感器损坏后发动机电控系统将发动机的点火提前角锁定在一个固定的点火角度，这样发动机的加速性能下降，经济性、排放都会有很大的影响。大众某车型爆燃传感器电路图如图2.2-11所示。

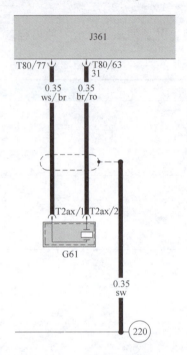

图2.2-11　大众某车型爆燃传感器电路图

J361—发动机ECU　G61—爆燃传感器　220—传感器搭铁

1) 电阻检测。卸下插头，把数字万用表转动到电阻档，测量传感器针脚，填写爆燃传感器测量记录表2.2-28。

表2.2-28　爆燃传感器测量记录表　　　　　　　　　　（单位：MΩ）

测量点	电阻	实测值
1号-2号	大于1	
1号-屏蔽线	大于1	
2号-屏蔽线	大于1	

2) 电压检测。将万用表转动到毫伏档，用橡胶锤敲击发动机缸体，此时应该有传感器电压输出，或轻轻敲打传感器（注意不要损坏传感器），此时传感器应该有电压输出。

3) 故障码检测。当爆燃传感器出现信号不稳、信号出错的时候发动机故障灯即点亮。使用检测仪读取爆燃传感器的故障码为＿＿＿＿＿＿＿＿＿＿＿＿＿＿＿＿

完成任务后，教师根据实际情况填写表2.2-29。

表 2.2-29　工作任务评分表

序号	评分标准	配分	实得分
1	工作准备和工作过程的认真仔细程度和工作态度	10	
2	技术资料应用情况	10	
3	团队工作计划与分工	10	
4	测量与检查记录或文件记录	10	
5	按专业要求做工作任务	10	
6	按专业要求使用量具、检验器具及工具	10	
7	注意遵守劳动与环保规定	10	
8	做好将车辆/系统交给客户之前的准备工作	10	
9	团队配合与沟通	10	
10	在完成工作任务中教师的提问	10	
	合计分数		

2.3 进气系统检修

引言

在发动机电控系统中，进气系统的作用是控制进入气缸的空气量，从而满足发动机各种工况的要求。进气系统相关传感器（如空气流量计、进气压力传感器）和执行器（如节气门电动机）的检查方法已在传感器检修部分实训。本节实训主要针对发动机进气系统中的各子系统（如可变进气道、可变配气正时、可变气门升程、涡轮增压等）技术进行检修的方法进行介绍。

任务目标

1. 掌握进气系统的故障及对整个电控系统的影响。
2. 掌握进气系统故障的检测方法、工艺流程和技术规范。

2.3.1 可变配气正时系统检修

任务目标

1. 掌握可变配气正时系统的常见故障。
2. 掌握可变配气正时机械故障的检修方法。
3. 掌握可变配气正时电路故障的检修方法。

任务情景描述

客户报修，一辆汽车的加速性、动力性变差，经检查故障出现在涡轮增压系统，请更换涡轮增压器。

实训准备

设备工具：1. 实习用车或电控发动机台架。
2. 燃油压力表。
3. 万用表、示波器、接线笔和检测仪。
资料：相关车型维修手册、电路图和设备使用说明书。

任务实施

任务开始前，学生分成小组，并填写表2.3-1的内容。

当可变配气正时系统发生故障时，将导致发动机不能起动或起动困难；发动机怠速不良，运转不平稳，加速无力；汽车行驶中的动力性下降、油耗明显增加；车辆正常行驶中突然熄火；仪表板上发动机故障警告灯点亮。

可变配气正时系统发生故障的主要原因：进、排气凸轮轴正时机油控制阀的控制电路短路或断路，进排气凸轮轴正时机油控制阀阀芯卡滞或电磁线圈断路，机油控制阀滤清器堵塞，凸轮轴前端正时控制器故障，正时链条跳齿或拉长，进排气凸轮轴位置传感器故障，ECU故障。

表 2.3-1　任务实施准备项目表

任务名称		小组成员	
设备工具			
资料			
工作计划制订			
教师评语			

由于可变配气正时系统的工作，包括了发动机 ECU 和一些相关的传感器（见理论部分），所以排除系统故障时要综合分析，使用故障检测仪器读取数据块信息和故障码等，辅以人工拆检。

注意：如果是相关传感器故障则按照传感器的检修方法检修。

1. 读取可变配气正时系统故障码和数据流

（1）读取可变配气正时系统故障码

1) 根据实际情况读取车型故障码及含义为＿＿＿＿＿＿＿＿＿＿＿＿＿＿＿＿＿＿＿＿
2) 故障码举例：以大众车型为例，关于大众车系可变气门正时机构故障码见表 2.3-2。

表 2.3-2　大众车系可变气门正时机构故障码

故障码范围	故障内容
16394 16409	凸轮轴正时调整（列1）不正常
17933 17936	N205 及其线路故障
17937 17939	正时调整控制电路故障
17941 17944	凸轮轴正时调整（列2）不正常

（2）读取可变配气正时系统数据流（以一辆迈腾 1.8TSI 新车的可变气门系统正常工作在发动机怠速状态下的数据为例）

1) 通过 ECU 的测量值块可以掌握车辆可变气门正时机构的工作状况是否正常，使用 VAS5051 读取其相关数据流有两种方法，一种是进入"车辆自诊断，01-08 界面，读取车辆测量值块"菜单，第 91、94 组测量值块可反映可变气门工作状态，其实测值及含义见表 2.3-3。

表 2.3-3　可变气门数据测量值块含义

测量值组	数据区域	项　目	实测值
91	1	发动机转速/(r/min)	840
	2	电磁阀 N205 占空比(%)	45.9
	3	凸轮轴调整规定相位角/kW	34.0
	4	凸轮轴调整实际相位角/kW	34.0
94	1	曲轴转速/(r/min)	840
	2	凸轮轴调整实际相位角/kW	33.5
	3	系统激活状态	测试接通

2) 利用"引导性功能-功能检查-读取发动机测量值"功能菜单进行测量。进入"引导性功能-功能检查-读取发动机测量值"功能菜单测量，主动选取可变气门正时机构的相关数据，通过正常车辆与故障车对比分析能及时发现系统工作是否正常。

① 测试迈腾 1.8TSI 新车的可变气门系统正常工作在发动机怠速状态下的数据，将测量的数据记录在表 2.3-4 中。

表 2.3-4　发动机在怠速状态下的测量数据记录表

测量项目	发动机时参考值	实测值
发动机转速(气缸1进气凸轮轴调节)/(r/min)	720	
进气凸轮轴占空比(调节装置、控制装置)(%)	40.8	
凸轮轴调节额定值/(°)	34.0	
凸轮轴调节实际值/(°)	33.5	
发动机转速/(r/min)	760	
相对空气填充(%)	18.8	
额定值与实际值角度差(进气轮轴)	0	
发动机转速/(r/min)	720	
凸轮轴调节实际值/(°)	33.5	

根据测试结果分析：

② 测试迈腾 1.8TSI 新车的可变气门系统正常工作在发动机 2000r/min 状态下的数据，将测量的数据记录在表 2.3-5 中。

表 2.3-5　发动机在 2000r/min 状态下的测量数据记录表

测量项目	发动机时参考值	实测值
发动机转速(气缸1进气凸轮轴调节)/(r/min)	2000	
进气凸轮轴占空比(调节装置、控制装置)(%)	39.6	
凸轮轴调节额定值/(°)	3.0	
凸轮轴调节实际值/(°)	3.0	

（续）

测量项目	发动机时参考值	实测值
发动机转速/(r/min)	2000	
相对空气填充(%)	15.0	
额定值与实际值角度差(进气轮轴)	0	
发动机转速/(r/min)	2000	
凸轮轴调节实际值/(°)	3.0	

根据测试结果分析：

2. 可变配气正时系统故障的诊断与排除

(1) 凸轮轴正时机油控制阀电路故障的诊断与排除（以丰田某车型为例）

1) 使用故障检测仪对凸轮轴正时机油控制阀进行动作测试。

① 将故障检测仪连接到仪表板下方的故障诊断插座上。

② 起动发动机，打开检测仪，进行发动机系统下的执行元件测试。

③ 打开空调，发动机温度小于或等于30℃，若机油控制阀关闭时发动机转速正常，机油控制阀打开时发动机怠速不稳或失速，则说明机油控制阀正常。

请写出执行元件测试结果是否正常＿＿＿＿＿＿＿＿＿＿＿＿＿＿＿＿＿＿＿＿＿＿

2) 拆检正时机油控制阀。

① 拆下机油控制阀总成，参考图2.3-1用万用表测量其线圈电阻。凸轮轴调整电磁阀电阻测试记录表见表2.3-6。

表2.3-6 凸轮轴调整电磁阀电阻测试记录表　　　　　　　　　（单位：Ω）

凸轮轴调整电磁阀电阻测试	理论值	实测值	结果分析
	6.9~7.9		

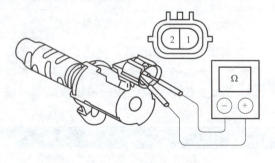

a)　　　　　　　　　　　　　　　　b)

图2.3-1　测量凸轮轴调整电磁阀电阻

a) 凸轮轴调整电磁阀安装位置　b) 凸轮轴调整电磁阀测量方法

② 将蓄电池正极接机油控制阀插接器端子1，负极接机油控制阀插接器端子2，阀应能迅速移动；否则，更换新的机油控制阀。通电测试凸轮轴调整电磁阀电路图如图2.3-2所示。

请写出凸轮轴调整电磁阀通电测试结果＿＿＿＿＿＿＿＿＿＿＿＿＿＿＿＿＿＿＿＿

3) 检查线束和插接器。

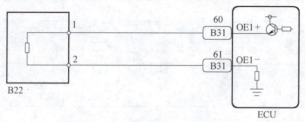

图 2.3-2　凸轮轴调整电磁阀电路图

断开凸轮轴正时机油控制阀和 ECU 插接器（图 2.3-2），测量机油控制阀与 ECU 之间连接导线的电阻，导线与车身搭铁之间的电阻，并记录在表 2.3-7 中。

表 2.3-7　凸轮轴调整电磁阀记录表

测量点	参考值	实测值	结果判断
机油控制阀 1 脚与 ECU 连接导线电阻	小于 1Ω		
机油控制阀 2 脚与 ECU 连接导线电阻	小于 1Ω		
导线与车身搭铁之间	应大于 10kΩ		

(2) 配气正时过于提前或滞后故障诊断与排除　检查凸轮轴正时机油控制阀是否正常，则进行如下检查：

① 检查机油控制阀滤清器是否阻塞。若阻塞，则更换。

② 检查凸轮轴正时齿轮总成。

将链条绕在链轮上，用游标卡尺测量齿轮和链条的直径，不能小于 96.8mm。否则，更换链轮和链条。

③ 发动机装配时的配气正时校准。

拆开正时链条盖，使发动机曲轴位于一缸压缩行程上止点，检查正时链条与链轮的标记是否对齐。若标记未对齐，则重新安装链条。

注意：此处的安装见相关的维修手册。

④ 若上述检查均正常，则考虑更换 ECU。

经过以上的检查，可以基本排除配气正时系统的故障。

完成本工作任务后，教师根据实际情况填写工作任务评分表，见表 2.3-8。

表 2.3-8　工作任务评分表

序号	评分标准	配分	实得分
1	工作准备和工作过程的认真仔细程度和工作态度	10	
2	技术资料应用情况	10	
3	团队工作计划与分工	10	
4	测量与检查记录或文件记录	10	
5	按专业要求做工作任务	10	
6	按专业要求使用量具、检验器具及工具	10	

（续）

序号	评分标准	配分	实得分
7	注意遵守劳动与环保规定	10	
8	做好将车辆/系统交给客户之前的准备工作	10	
9	团队配合与沟通	10	
10	在完成工作任务中教师的提问	10	
	合计分数		

2.3.2 可变进气歧管系统检修

任务目标

1. 掌握可变进气歧管的常见故障。
2. 掌握可变进气系统机械故障的检修方法。
3. 掌握可变进气歧管电路故障的检修方法。

任务情景描述

客户报修车辆长时间行驶后，感觉加速无力，并且废气排放警告灯闪亮。

实训准备

设备工具：1. 实习用车或电控发动机台架。
2. 燃油压力表。
3. 万用表、示波器、接线笔和检测仪。

资料：相关车型维修手册、电路图和设备使用说明书。

任务实施

任务开始前，学生分成小组，并填写表2.3-9的内容。

表2.3-9 任务实施准备项目表

任务名称		小组成员	
设备工具			
资料			
工作计划制订			
教师评语			

1. 可变进气歧管系统检测仪及电路元件检查

(1) 读取进气歧管系统故障码 写出读取进气歧管系统故障码的步骤：

读取的故障码为_____

故障码举例_____

大众车型存储的故障码为 08213，含义为进气翻板电位计 G336 范围/性能。

图 2.3-3 所示为现代伊兰特悦动读取的进气歧管转换系统的故障码。

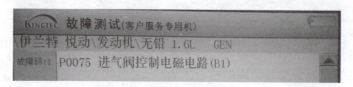

图 2.3-3　现代伊兰特悦动读取的进气歧管转换系统的故障码

(2) 对进气歧管转换系统的测试

1) 随车测试（以大众某车型为例）。对进气歧管转换的控制原理：当发动机转速达到一定转速时，发动机控制单元向可变进气道电磁阀供电，电磁阀打开，为进气翻板真空单元提供真空。真空单元在真空的控制下将翻板转到全开位置，进气翻板位置的变化由进气翻板电位计将信号反馈给发动机控制单元。

根据以上原理，在怠速时踩下加速踏板，观察转换阀真空单元拉杆是否动作_____

如果测试结果为真空单元拉杆不动作，可能的原因为：

2) 使用执行元件测试功能进行测试。写出使用检测仪进行进气歧管转换装置的执行元件测试功能的步骤：

是否听到电磁阀的声响_____

如果电磁阀不动作，可能的原因为：

(3) 进气歧管转换阀的检查

1) 进气歧管转换阀电阻检查。参考进气歧管转换电磁阀的电路图（本单元理论模块图），检查进气歧管转换阀的电阻。断开进气歧管转换阀上的配线插头，测量进气歧管转换阀引脚间的电阻，电阻值应为 25~35Ω。

电阻测量值为 _____ Ω。如果电阻值不符合要求，应予以更换。

2) 进气歧管转换阀电路检查。若电阻值正常，应测量电磁阀的供电电路电压及电磁阀至 ECM 之间的导线是否短路及断路。

① 检查电磁阀 2 孔插座的 1 号引脚到发动机 ECU 的导线电阻为 _____

判断结果 _____

② 检查电磁阀 2 孔插座的 2 号引脚到继电器 J17 触点导线电阻为 _____

判断结果 _____

③ 检查电磁阀电路中熔丝的通断。检查结果为 _____

(4) 进气翻板电位计的检查　进气翻板位置的变化由进气翻板电位计将信号反馈给发动机控制单元。

1) 进气翻板电位计电阻的检查。对进气翻板电位计电阻进行检查，并记录在表 2.3-10 中。

表 2.3-10　进气翻板电位计电阻测量记录表　　　　　（单位：Ω）

电阻值测量	测量值	参考值	结果分析
T6/1-T105/27		应接近于 0	
T6/3-T105/13		应接近于 0	
T6/2-T105/59		应接近于 0	

2) 进气翻板电位计电压的检查。对进气翻板电位计电压进行检查，并记录在表 2.3-11 中。

表 2.3-11　进气翻板电位计电压检查记录表　　　　　（单位：V）

电阻值测量	测量值	参考值	结果分析
T6/3 脚		应接近于 5	
T6/1 脚		应接近于 5	
T6/2 脚		0~5 范围内	

2. 进气歧管转换系统机械系统检查

进气歧管转换系统机械系统可能出现的故障有：真空膜盒失灵，真空管路泄漏，真空管路堵塞，转换机构卡滞等故障。

1) 首先检查真空连接是否完好。

2) 检查真空系统及进气歧管真空罐的密封性。

使用的工具为带附件的手动真空泵，真空泵组件带有真空压力表和连接软管，如图 2.3-4 所示。

选择合适的连接管接头将手动真空泵连接到真空管路上。

反复操纵手动真空泵，建立真空，直到真空度达到 500mbar（1mbar=100Pa）。真空度不得下降。如果真空度下降，则更换进气管上相应的部件。

3) 检查转换机构是否运转自如，用手拉动拉杆。

对以上项目进行测试，并记录在表 2.3-12 中。

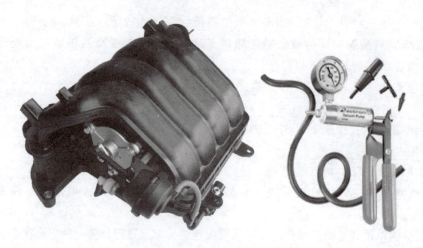

图 2.3-4　进气歧管转换阀及手动真空泵

表 2.3-12　进气歧管机械测试记录表

测试项目	工具及方法	判断结果	原因分析
管路真空度的测量	使用真空表测量	测量值	
转换机构灵活度检查	用手扳动拉杆检查阻力	是否卡滞	
真空管路是否堵塞	导通性	是否合格	
管路是否弯曲	目视	是否合格	

经过以上的各项检查，基本能够排除相关故障，完成本任务后，教师根据实际情况填写表 2.3-13。

表 2.3-13　工作任务评分表

序号	评分标准	配分	实得分
1	工作准备和工作过程的认真仔细程度和工作态度	10	
2	技术资料应用情况	10	
3	团队工作计划与分工	10	
4	测量与检查记录或文件记录	10	
5	按专业要求做工作任务	10	
6	按专业要求使用量具、检验器具及工具	10	
7	注意遵守劳动与环保规定	10	
8	做好将车辆/系统交给客户之前的准备工作	10	
9	团队配合与沟通	10	
10	在完成工作任务中教师的提问	10	
	合计分数		

2.3.3 涡轮增压系统检修

任务目标

1. 掌握涡轮增压系统的常见故障。
2. 掌握涡轮增压系统机械故障的检修方法。
3. 掌握涡轮增压系统电路故障的检修方法。

任务情景描述

客户报修一辆帕萨特 1.8T 轿车,行驶了 15 万 km 后,感觉到加速性、动力性变差,最高车速仅能达到 120km/h。经检查故障出现在涡轮增压系统,请制订工作计划,排除此故障。

实训准备

设备工具:1. 实习用车或电控发动机台架。
2. 燃油压力表。
3. 万用表、示波器、接线笔和检测仪。
资料:相关车型维修手册、电路图和设备使用说明书。

任务实施

任务开始前,学生分成小组,并填写表 2.3-14 的内容。

表 2.3-14 任务实施准备项目表

任务名称		小组成员	
设备工具			
资料			
工作计划制订			
教师评语			

废气涡轮增压系统出现故障会造成增压压力降低,使发动机进气量减少,功率降低,而导致增压压力低的故障如下:

1) 增压压力限制电磁阀损坏。
2) 增压压力调节单元损坏或连接管路损坏。
3) 机械式空气再循环阀损坏。
4) 增压空气再循环阀损坏或连接管路损坏。
5) 废气涡轮增压器与进气管之间漏气。
6) 废气涡轮增压器自身损坏。

1. 对涡轮增压系统进行基本测试(以大众车型为例)

(1) 读取故障码 读取发动机系统是否存储关于涡轮增压系统的故障码。

故障码举例:

17963 的含义是增压压力过大。

17705 的含义为识别到涡轮增压器至节气门间的压力差。

(2) 读取数据流 对于大众车系,可以通过 01-08-115 来读取增压系统数据块。车辆在怠速运转 5min 后,急踩加速踏板至节气门全开,根据实际情况填写表 2.3-15。

表 2.3-15 节气门全开时的 01-08-115 数据块

节气门开度	负荷	增压目标值	实际增压值
100%	70%	1500mbar	

如果此时实际测量的增压值小于增压目标值,请分析原因:

(3) 检查增压压力调节单元及连接管路 请根据下面增压器的简易测试方法实训车辆进行测试,并判断结果。

让发动机怠速运转 5min 之后急踩加速踏板使发动机转速迅速升高到 5000r/min,增压压力调节单元的推杆应能正常移动,无卡滞现象。

结果是否符合要求

(4) 测量发动机进气歧管压力 使用真空表对发动机进气歧管压力进行检测,并将测量结果记录在表 2.3-16 中。

表 2.3-16 进气歧管压力测量记录表

	理论值	实测值	判断结果
怠速	0.5~0.6bar		
发动机转速大于 2000r/min 节气门全开	大于 1.5bar		
发动机熄火后	接近于 1bar		

2. 涡轮增压系统电路元件进行检查

大众某车型涡轮增压系统部分电路图如图 2.3-5 所示。

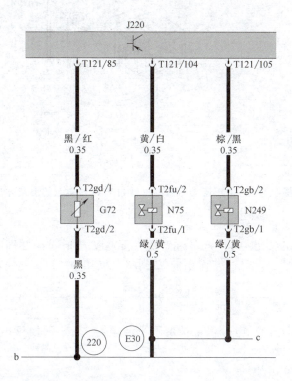

图 2.3-5　大众某车型涡轮增压系统部分电路图

G72—进气温度传感器　N75—增压压力限制电磁阀　N249—增压空气再循环阀
J220—发动机控制单元　c—通过油泵继电器连接蓄电池正极　b—搭铁线

检查增压压力限制电磁阀 N75 和增压空气再循环阀 N249

（1）对两个电磁阀进行执行元件测试　写出进入执行元件测试的地址码：_____
将汽车故障检测仪与该车的自诊断插座连接，接通点火开关，操作检测仪，进入测试执行元件功能菜单，依次激活两个电磁阀，正常每个都应能听到"咔嗒、咔嗒"的响声。
如果不能听到声音，请分析原因：

（2）对两个电磁阀进行电阻的检查　从增压压力限制电磁阀 N75 上拔下连接软管和电插头，用万用表测量线圈阻值。增压压力限制电磁阀 N75 线圈电阻的测量方法如图 2.3-6 所示，将检查的结果记录在表 2.3-17 中。

表 2.3-17　电阻检查记录表

测量点	正常值	实测值	结果分析
N75	25~35Ω		
N249	27~30Ω		

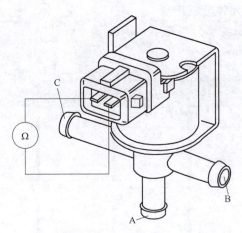

图 2.3-6　增压压力限制电磁阀 N75 线圈电阻的测量方法

（3）对两个电磁阀进行导通性检查

① 直接给电磁阀 N75 供 12V 电（注意极性要与实车相同）并同时用软管吹气检查，正常情况下，不通电时 A 与 B 应通，通电时 A、B、C 应互通。

是否符合要求 _____

如果不符合要求，应怎样处理 _____

② 直接给电磁阀供 12V 电，正常情况下不通电时 A、B 两端应相通，通电时 B、C 两端应相通。

是否符合要求 _____

如果不符合要求，应怎样处理 _____

3. 对涡轮增压系统机械方面的检查

（1）**目测软管、垫片和管道**　目测全部软管、垫片和管道，看装配是否正确，有无损伤、磨蚀。如破损或变质，将使涡轮装置不能正常工作，导致增压过高或过低。

（2）**检查机械式空气再循环阀**　从车上拆下机械式空气再循环阀，通过软管将该阀真空管接头（C 端）与手动真空泵连接，扳动真空泵产生吸力，此时 A、B 两端应相通，放开真空泵解除真空，A、B 两端应迅速截止且密封良好。

是否符合要求 _____

如果不符合要求，应怎样处理 _____

（3）**拆检涡轮增压器**

1）如果必须从车上拆下涡轮增压器，则在检修时务必保持清洁，任何脏物或污染都会导致严重后果。在拆卸涡轮机前，应将壳体和零件的相对位置加上标志，以保证重新装配时正确无误。拆开涡轮装置，仔细观察增压涡轮和动力涡轮，检查是否存在弯曲、破裂或过度磨损现象。

2）检查涡轮壳体内部是否存在由于轴的摆动范围过量、进入脏物或润滑不当而造成的磨损或冲击损伤。用手旋转涡轮，手感阻力应是均匀的，不应过大，转动应无黏滞感，即应无擦伤或任何接触。

3）由于对轴承间隙有严格要求，应按生产厂规定的程序检查轴向和径向间隙，以大众奥迪汽车的涡轮增压器为例,可将百分表插入涡轮机壳的孔中,使其接触轴端,沿轴向移动涡轮机轴,测量轴的轴向间隙不应大于 0.11mm。将百分表从机油排出孔插过轴承隔圈的孔,使其接触涡轮机轴的中心,上下移动涡轮机轴,测量轴的径向间隙不应大于 0.15mm。若轴向间隙或径向间隙不符合要求,则更换涡轮增压器。

经过以上的各项检查,基本能够排除相关故障。完成本任务后,教师根据实际情况填写表 2.3-18。

表 2.3-18　工作任务评分表

序号	评分标准	配分	实得分
1	工作准备和工作过程的认真仔细程度和工作态度	10	
2	技术资料应用情况	10	
3	团队工作计划与分工	10	
4	测量与检查记录或文件记录	10	
5	按专业要求做工作任务	10	
6	按专业要求使用量具、检验器具及工具	10	
7	注意遵守劳动与环保规定	10	
8	做好将车辆/系统交给客户之前的准备工作	10	
9	团队配合与沟通	10	
10	在完成工作任务中教师的提问	10	
	合计分数		

2.4 燃油喷射系统检修

引言

在发动机电控系统中，燃油喷射系统的作用是根据发动机的工况提供适合浓度的混合气，如果燃油喷射系统出现故障，将会导致发动机工作不良，如发动机不能起动，或起动困难，发动机怠速不稳，高速性能差，油耗油量过大等。本节课程将讲解燃油系统基本的检查项目和方法。

任务目标

1．掌握燃油喷射系统的故障及对整个电控系统的影响。
2．掌握燃油喷射系统的检测方法、工艺流程和技术规范。
3．掌握燃油喷射系统故障检修的安全操作规范。

在发动机电控系统中对燃油系统检修的基本项目有油压测试及分析，喷油器及其电路检修，燃油泵电路检修等基本操作项目。在掌握了这些基本操作项目后，针对具体的燃油系统故障和维修思路，去解决实际问题。

> 注意：燃油系统有压力！打开系统前，用抹布围住连接处，然后小心地松开连接处，减小压力。

为避免人员受伤或毁坏喷射装置和点火装置，必须注意以下事项：

1）为安全起见，在打开燃油系统之前，必须从熔丝架中取下燃油泵熔丝，这是因为燃油泵可能被驾驶人侧车门的触点开关激活。

2）在发动机运转或起动时，不得接触或拔出点火导线。

3）喷射装置和点火装置的导线以及测量仪导线只有在点火开关关闭时才能连接和断开。

在进行所有安装工作时（特别是在发动机舱内由于结构狭窄）必须注意以下事项：

1）布置各种管路（例如燃油系统、液压系统、活性炭罐、冷却液和制冷剂、制动液、真空管路）和导线时不要改变原始的导线和管路走向。

2）注意与可移动的和热的部件之间要有足够的距离。

如果在试车时需要使用检测仪器，必须注意以下事项：

检测仪器总是固定在后座上，由另一人在那里进行操纵。如果在前排乘员座椅处操纵检测仪器，则发生事故时会由于触发前排乘员安全气囊而导致坐在那里的人受伤。

当进行供油和喷射装置方面的工作时，必须严格遵守有关的以下"5项清洁规定"：

1）松开连接位置前要彻底清洁连接位置及其周围区域。

2）将拆下的零件放在干净的垫子上并盖住。不要使用纤维质的抹布！

3）如果无法立即进行维修，那么应仔细地将已打开的部件盖住或密闭。

4）只允许安装干净的零件。安装前才直接从包装中取出配件。不许使用没有包装的（例如放置在工具箱中等）零件。

5）对于打开的装置，尽可能不使用压缩空气，尽可能不移动车辆。

2.4.1 燃油系统压力检测

任务目标

1．掌握燃油系统泄压的方法。
2．掌握燃油压力表的使用方法。
3．掌握燃油压力的分析。

任务情景描述

客户报修车辆不能正常起动，初步判断是发动机燃油系统故障，如果你是维修技师，要求对燃油压力进行测试，请拟定维修方案，排除故障。

实训准备

设备工具：1．实习用车或电控发动机台架。
　　　　　2．燃油压力表。
　　　　　3．万用表、示波器、接线笔和检测仪。
资料：相关车型维修手册、电路图和设备使用说明书。

任务实施

任务开始前，学生分成小组，并填写表2.4-1的内容。

表2.4-1　任务实施准备项目表

任务名称		小组成员	
设备工具			
资料			
工作计划制订			
教师评语			

在对燃油系统的检查中,经常要对燃油系统的油压进行检测。通过油压的检测可以直观地发现燃油系统的工作是否良好,如油路是否通畅、管路油压是否正常,油泵工作是否良好。所以应该掌握不同车型的油压测试方法。

目前新生产的汽车都在燃油管路中一般是在燃油分配管上安装有燃油压力测试口,使用与车辆型号配套的燃油压力表(由厂家配套的专用工具),可以快速地进行压力测试。现在的大多数车辆都有这样的油压测试接口。图 2.4-1 所示为标致某车型压力测试接口。

图 2.4-1　标致某车型压力测试接口

1. 燃油系统压力检测

(1) 燃油系统压力的释放　对于没有快速测试接口的车辆,应该在燃油管路中串联一块燃油压力表。为防止拆卸燃油系统时,液压油喷出,拆卸前应释放燃油系统压力。

燃油系统压力释放的步骤如下:

1) 起动发动机维持怠速运转。

2) 在发动机运转时,拔下油泵继电器或电动燃油泵电线接线,使发动机熄火,请根据实训车型写出油泵继电器的位置_____。

3) 再使发动机起动 2~3 次,就可以完全释放燃油系统压力。

4) 关闭点火开关,装上油泵继电器或电动燃油泵电源接线。

(2) 燃油系统压力测试　燃油系统压力测试步骤如下:

1) 释放燃油压力。

2) 将燃油泵电路重新接好。

3) 安装燃油压力表。

将燃油压力表串接在进油管中,带快速测试接口的车辆将燃油压力表连接到快速测试接口上,在拆卸油管时要用一块毛巾或棉布垫在油管接口下,防止燃油泄漏在地上。

燃油压力表安装在燃油滤清器管接头与分配油管进油接头等便于安装及观察的部位。

用燃油压力表组件(图 2.4-2)的三通接口,将压力表安装在燃油管路中。燃油压力表安装示意图如图 2.4-3 所示。

4) 起动发动机。

5) 观察燃油工作压力。

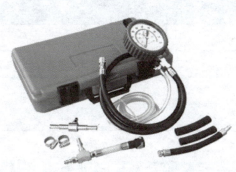

图 2.4-2 燃油压力表组件

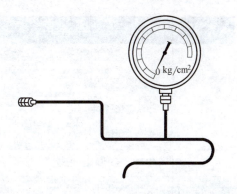

图 2.4-3 燃油压力表安装示意图

6）拆卸燃油压力表。先卸压，再拆去燃油压力表，将进油管重新连接好，起动发动机，检查油管是否渗漏。

根据油压测试的结果记录在表 2.4-2 中。

表 2.4-2 燃油压力测量条件及结果分析表

测试条件	理论压力值	实测压力值	结果判断	故障可能原因
发动机怠速运转				
发动机转速 2000r/min				
用包有软布的钳子夹住回油管，此时燃油压力表读数为油泵最大供油压力				
将燃油压力调节器上的真空软管拔下				
点火开关将发动机熄火，等待 10min 后				

说明：压力测试理论值请查阅相关车型维修手册；结果判断是指与理论值比较，实测值是否正常；故障可能原因是指如果测量结果与理论值差别较大的可能原因。
注意单位换算：1MPa=1000kPa，1bar=1.02kg/cm²=14.5psi=100kPa。

2. 燃油系统压力分析

燃油压力表读数不外乎油压为零、油压正常、油压过高和油压过低四种情况。若油压为零，先检查油箱存油量，及油道是否严重外泄，燃油滤清器是否完全堵塞。排除可能性后，油压依然为零，则需检查燃油系统的控制电路，如熔丝是否烧断、继电器是否不工作、油泵电路线束是否断路、油泵是否损坏等。

如果油压过高，主要检查压力调节器顶部的真空管是否松脱或破裂漏气，或油压调节器回油管是否堵塞等。

当燃油压力过低，或油泵停止工作 2~5min 内油压迅速下降，在排除油路向外泄漏的前提下，则喷油器中有泄漏现象、燃油压力调节器故障、燃油滤清器堵塞和油泵故障。

完成任务后，教师根据实际情况填写表 2.4-3。

表 2.4-3 工作任务评分表

序号	评分标准	配分	实得分
1	工作准备和工作过程的认真仔细程度和工作态度	10	
2	技术资料应用情况	10	
3	团队工作计划与分工	10	
4	测量与检查记录或文件记录	10	
5	按专业要求做工作任务	10	
6	按专业要求使用量具、检验器具及工具	10	
7	注意遵守劳动与环保规定	10	
8	做好将车辆/系统交给客户之前的准备工作	10	
9	团队配合与沟通	10	
10	在完成工作任务中教师的提问	10	
	合计分数		

2.4.2 喷油器及其电路的检测

任务目标

1．掌握喷油器的检测方法。
2．掌握喷油器电路的检测方法。
3．掌握喷油器的清洗方法。

任务情景描述

客户报修车辆加速不畅，初步判断是发动机燃油系统故障，如果你是维修技师，请对喷油器及其电路进行检测，排除故障。

实训准备

设备工具：1．实习用车或电控发动机台架。
2．燃油压力表。
3．万用表、接线笔、检测仪和示波器。
资料：相关车型维修手册、电路图和设备使用说明书。

任务实施

喷油器是电控发动机最主要的执行器之一，喷油器喷油质量、喷油脉宽及喷油时间不符合要求，发动机也就无法正常工作，检查喷油器及其电路是本工作任务的重点。

任务开始前，学生分成小组，并填写表 2.4-4 的内容。

表 2.4-4　任务实施准备项目表

任务名称		小组成员	
设备工具			
资料			
工作计划制订			
教师评语			

1. 喷油器的检测

对喷油器的检测主要包括电阻的检测和喷油器工作情况的检测，可以采取不同的方法。

（1）**喷油器电阻的检测**　在线束上拔下喷油器插头，用万用表电阻档测量喷油器电阻。对喷油器电阻的检测方法如图 2.4-4 所示。

图 2.4-4　对喷油器电阻的检测方法

测量的阻值为 _____ Ω。是否合格 _____

（2）**喷油器驱动测试**　可以使用执行元件功能进行喷油器测试。通过喷油器测试，可以判断 ECU 及其喷油器电路是否有故障。博士 KT600 检测仪执行元件测试功能界面如图 2.4-5 所示。

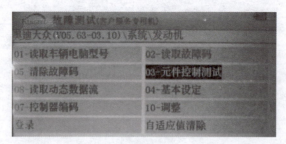

图 2.4-5　博士 KT600 检测仪执行元件测试功能界面

请写出喷油器执行元件测试步骤：

喷油器测试功能分析：如果喷油器在检测仪的驱动下工作，说明发动机 ECU、喷油器及其驱动电路都没有故障，否则先检查喷油器及其工作电路。

（3）**喷油器电压检测**　使用万用表检测喷油器工作电压，将测量记录在表 2.4-5 中。

表 2.4-5　喷油器电压测量记录表

测试方法	喷油器 1 脚搭铁电压	喷油器 2 脚搭铁电压
喷油器插接器接上		
电压是否正常		
断开喷油器插接器测量连接 ECU 端		
电压是否正常		

（4）**喷油器波形测试**

1）使用示波器测试喷油器的波形。

2）写出示波器的连接步骤：

3）画出测试喷油器的波形图，并对测试结果进行分析。

① 怠速时喷油器波形。

② 发动机3000r/min时喷油器波形。

2. 喷油质量的检测

喷油质量的检查主要包括喷油量、雾化质量和泄漏。此项试验应在专用喷油器检测与清洗试验台上进行。

(1) 对喷油器的质量要求

1) 在试验台上检测各缸喷油器喷油量的差别，相差越小，发动机运转越平稳；相差过大，则应更换。

2) 检测各喷油器雾化情况，不能有集束情况，不能有喷歪现象。

3) 当停止喷射时，不能有燃油泄漏发生，规定_____ min 内，泄漏不能超过1滴，否则更换。

4) 单位时间内的喷油量应在规定值范围内。

(2) 喷油器检测清洗与检测仪 某品牌喷油器检测清洗与检测仪如图2.4-6所示，这种仪器具有喷油器的工况模拟与检测喷油器清洗的功能。

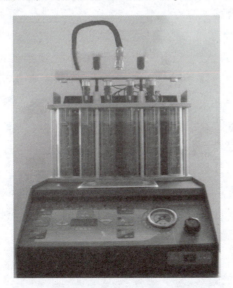

图2.4-6 某品牌喷油器检测清洗与检测仪

清洗机的操作步骤（以某品牌喷油器检测清洗仪为例）

第一步：接通电源。

把电源线插在本机右侧插座上，接通220V交流电，打开本机右侧的电源开关（显示窗最终显示 2000）。

第二步：测量喷油器的阻抗。

首先，把要检测的喷油器安装到本机，按阻抗键即可判断喷油器高低阻。

显示的喷油器阻抗值为＿＿＿＿＿＿＿＿＿＿＿＿＿＿＿＿＿＿＿＿＿＿＿

第三步：检查检测液液面高度。

检查检测液液面高度，可从本机左侧观察液面高度，正常时本机应加检测液 1.5L。未达到标准液面的，从加液口进行加注。

第四步：选择检测项目。

① 检测喷油器的滴漏。

根据喷油器的型号选择接头并连接好，然后检查 O 形密封圈（发现坏的要更换），将喷油器安装在测试架上，按油泵键，将压力调至被检车出厂规定压力（最好高 10%），观测喷油器是否滴漏，如发现 1min 滴漏大于 1 滴（或按技术标准），则要更换喷油器。

请写出所测试喷油器的压力值＿＿＿＿＿＿＿＿＿＿＿＿＿＿＿＿＿＿

请判断喷油器泄漏检验是否合格＿＿＿＿＿＿＿＿＿＿＿＿＿＿＿＿

② 检测喷油器的常喷油量、喷油角度、雾化程度和喷油均匀度。

关闭回油开关，确认油泵处于正常供油压力，然后按选择键进入清洗检测程序，显示 0015，再按手动键，15s 后观测试管的喷油量应为 38～45mL（或按技术标准），均匀度误差为 5%，否则更换或者清洗。

> 注意：此检测参数为最主要及基本参数，因此，无论喷油器其他检测结果如何，只要该数据偏差在 9% 以上，则该喷油器必须清洗或建议全组更换。

请判断检验结果是否合格＿＿＿＿＿＿＿＿＿＿＿＿＿＿＿＿＿＿＿

③ 检测喷油器在各工作环境中的工作状态。

按选择键进入检测程序，可任意设定高、中、低速模拟状态，依次显示 "3000" "2400" "0750" 转速状态，按手动键，观测喷油角度及雾化状态，喷油角度要一致（或按喷油器制造厂提供技术标准），雾化要均匀，无射流现象，并根据数据检测喷油器均匀度，不合格者立即更换或者清洗。

请判断检验结果是否合格＿＿＿＿＿＿＿＿＿＿＿＿＿＿＿＿＿＿＿

第五步：自动检测清洗分析。

使用自动检测清洗分析，先按油泵键启动油泵，并把压力调至被检车系统油压规定的范围（最好高 10%），然后按自动检测键，在自动检测清洗分析过程中其他任意键处于锁死状态，只有按复位选择键，系统才可恢复到初始状态。

① 自动检测喷油角度、雾化程度和自动测试清洗。

回油开关关闭，喷油器常喷 15s，显示窗显示时间按 15s 循环至 0s，此时可观察喷油角度和喷油雾化程度，实现常喷测试，如发现有射流和喷油角度异常，需更换。

停止常喷 60s，观察阻塞和滴漏，显示窗显示时间为 60s，前 30s 观测测试数据；后 30s 秒回油键打开，回油结束同时回油开关关闭。常喷检测结束，程序自动进入常规检测。

② 自动怠速喷油量见表 2.4-6。

表 2.4-6　自动怠速喷油量（喷油脉宽按程序执行）

喷油转速（模拟多点喷射怠速工作）	750r/min
喷油脉宽	3ms
喷油时间	60s 计数
喷油次数	2000 次

此程序可观测怠速工况，如喷油均匀度小于9%为合格，反之需更换或者清洗喷油器。

判断怠速工况检测喷油器是否合格＿＿＿＿＿＿＿＿＿＿＿＿＿＿＿＿＿＿＿＿＿＿＿

③ 自动检测最大功率喷油量见表2.4-7。

表 2.4-7　自动检测最大功率喷油量（喷油脉宽如下程序执行）

喷油转速	2400r/min
喷油脉宽	12ms
喷油时间	25s
计数喷油次数	1000 次

此程序可观测最大功率工况时的喷油量，可测定喷油器状况。

判断怠速工况检测喷油器是否合格＿＿＿＿＿＿＿＿＿＿＿＿＿＿＿＿＿＿＿＿＿＿＿

④ 自动检测高速喷油量见表2.4-8。

表 2.4-8　自动检测高速喷油量（喷油脉宽按程序执行）

喷油转速	3000r/min
喷油脉宽	6ms
喷油时间	20s
计数喷油次数	1000 次

此程序可观测高速工况，可再次测定喷油器状况。

⑤ 全过程喷油检测模式。

脉宽3ms，转速650r/min，上升到2250r/min，脉宽12ms，转速增至9950r/min，脉宽反降至2.1ms。转速降至650r/min，脉宽恢复3ms。总共循环4次，运行时间50s，检测结束后等待30s，回油30s。

在自动检测过程中，若要中断工作，请按选择键。

观察运行结果＿＿＿＿＿＿＿＿＿＿＿＿＿＿＿＿＿＿＿＿＿＿＿＿＿＿＿＿＿＿＿＿＿

⑥ 可编程序检测清洗。

按选择键一次，转速信号灯、脉宽信号灯、喷油次数信号灯和喷油时间信号灯循环显示。当信号灯亮时，表示处于当前工作状态选项。按住"＋"或"－"，选择好合适转速、脉宽、喷油时间和喷油次数，然后按手动键。程序即记录下此时选择数据并执行命令。

设定转速2000r/min，执行的结果＿＿＿＿＿＿＿＿＿＿＿＿＿＿＿＿＿＿＿＿＿＿＿

⑦ 超声波清洗。

把要检测的喷油器与脉冲输入信号线相连接，将超声波电源线与主机开关插座连接，然后把喷油器插在超声波清洗槽架上，清洗液加至规定（液面高度一般是清洗槽深度的二分之一），按下超声波清洗机开关，再按主机面板上"手动"键，灯亮即可开始清洗。

使用超声波清洗脏污的喷油器，并观察清洗前后的结果。

清洗的效果＿＿＿＿＿＿＿＿＿＿＿＿＿＿＿＿＿＿＿＿＿＿＿＿＿＿＿＿＿＿

完成任务后，教师根据实际情况填写表 2.4-9。

表 2.4-9　工作任务评分表

序号	评分标准	配分	实得分
1	工作准备和工作过程的认真仔细程度和工作态度	10	
2	技术资料应用情况	10	
3	团队工作计划与分工	10	
4	测量与检查记录或文件记录	10	
5	按专业要求做工作任务	10	
6	按专业要求使用量具、检验器具及工具	10	
7	注意遵守劳动与环保规定	10	
8	做好将车辆/系统交给客户之前的准备工作	10	
9	团队配合与沟通	10	
10	在完成工作任务中教师的提问	10	
合计分数			

2.4.3　电动燃油泵及其电路的检测

任务目标

1. 掌握燃油泵的检测方法。
2. 掌握燃油泵电路的检测方法。

任务情景描述

客户报修车辆不能起动，初步判断是发动机燃油泵的故障，如果你是维修技师，请拟定维修方案，排除故障。

实训准备

设备工具：1. 实习用车或电控发动机台架。
　　　　　2. 燃油压力表。
　　　　　3. 万用表、示波器、接线笔和检测仪。
资料：相关车型维修手册、电路图和设备使用说明书。

任务实施

电动燃油泵是电控发动机的主要部件，燃油泵发生故障，发动机就会因为燃油供应问题导致无法正常工作，如何检查燃油泵是本任务的重点工作。

任务开始前，学生分成小组，并填写表 2.4-10 的内容。

表 2.4-10　任务实施准备项目表

任务名称		小组成员	
设备工具			
资料			
工作计划制订			
教师评语			

1. 燃油泵工作情况的检查

打开点火开关的几秒钟，不起动发动机，发动机 ECU 会控制燃油泵工作几秒钟，以提供发动机起动的燃油，所以可以利用此特性，判断燃油泵是否工作。

（1）听燃油泵声音操作步骤

1) 打开油箱盖。

2) 打开点火开关（不起动发动机），听油箱中有无燃油泵电动机转动的声音。

判断：能否听到燃油泵的声音。

如果听不到燃油泵的声音可能的原因为_____

（2）利用执行元件测试驱动燃油泵运转　利用检测仪，可以进行执行元件测试功能驱动燃油泵。图 2.4-7 所示为使用某检测仪进行燃油泵测试的功能界面，参考写出驱动燃油泵的步骤：

图 2.4-7　使用某检测仪进行燃油泵测试的功能界面

燃油泵运转分析：

如果使用执行元件测试功能，燃油泵运转，说明发动机 ECU 在驱动燃油泵工作，那么燃油泵及其电路都是完好的。而车辆不能起动，说明是没有满足车辆起动的其他条件，比如防盗或其他重要传感器等是否有故障。

2. 燃油泵电路的检测

如果燃油泵不运转,则应先检查熔断丝、继电器有无损坏,各电路有无断路或接触不良。若电路正常,则应拆检电动燃油泵。

以大众某车型为例,检测燃油泵及其电路的工作情况。图 2.4-8 所示为大众某车型燃油泵电路图。

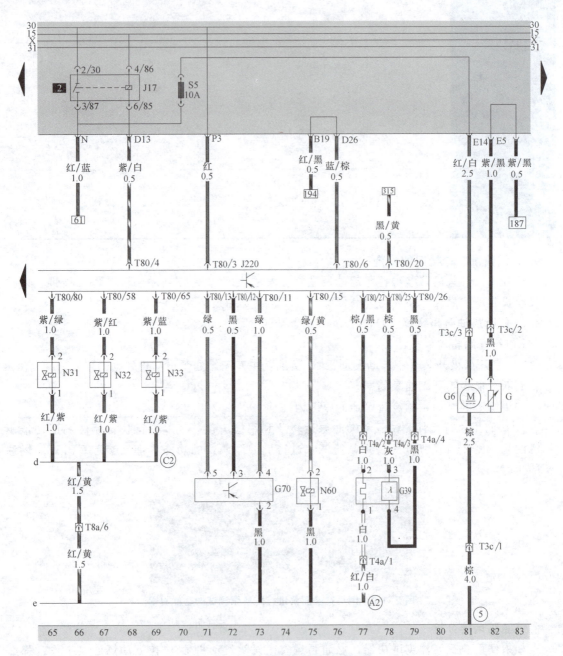

图 2.4-8 大众某车型燃油泵电路图

G39 — 氧传感器
G70 — 空气质量计
G — 燃油表传感器
G6 — 燃油泵
J17 — 燃油泵继电器
J220 — Motronic发动机控制单元

N31 — 第2缸喷油器
N32 — 第3缸喷油器
N33 — 第4缸喷油器
N80 — 活性炭罐电磁阀
S5 — 燃油泵熔丝,10A
Ⓐ2 — 正极连接线,在发动机线束内
Ⓒ2 — 正极连接线,在发动机右线束内

T4a — 发动机线束与氧传感器插头连接,4针,在发动机舱中间支架上
T8a — 发动机线束与发动机右线束插头连接,8针,在发动机舱中间支架上
T80 — 发动机线束、发动机右线束与发动机控制单元插头连接,80针,在发动机控制单元上

电路图提示:端子 T80/4 为继电器 J17 搭铁,端子 T80/3 为控制单元常火线("30"线),端子 T80/1 为控制单元供电线(来自点火开关点火档,"15"线,本图不显示),端子 T80/2 为控制单元搭铁("31"线,本图不显示),端子 T80/13 为空气流量计信号线。

在电路图中,可以看到当发动机 ECU 给燃油泵继电器搭铁后,电流经过 J17 的触点-燃油泵熔丝 S5-燃油泵-搭铁。

(1) 检测熔断丝 S5

1) 操作:发动机油泵熔断丝额定电流为 10A。将熔断丝从熔断器盒中取出,检测其阻值应为_____Ω。是否合格_____

2) 判断:如果测得值为∞,说明熔断丝熔断。熔断丝熔断,说明电路中存在过载现象,应排除电路过载原因后,再更换相同规格的熔断丝。

(2) 检测油泵继电器 油泵继电器常见的故障有线圈烧损、触点烧蚀或触点粘连。

ECU 控制的电动燃油泵控制系统通常采用四脚继电器,四脚电动燃油泵继电器中有两脚用于接继电器的电磁线圈,另外两脚接继电器常开触点。

1) 操作:用万用表电阻档测量,继电器电磁线圈两脚之间如图 3 端子 85 和 86 应能导通,阻值应为_____Ω,是否合格_____

2) 常开触点两脚之间应不能导通(端子 30 和 87)电阻值为_____Ω,否则,继电器触点粘连。

判断:在电磁线圈两脚接上 12V 电压,同时用万用表电阻档测量常开触点两脚之间应能导通,如图 2.4-9 所示。若测量结果不符合要求,应更换电动燃油泵继电器。

(3) 电动燃油泵工作情况的检测

1) 燃油泵电阻检查(图 2.4-10)。

① 操作:将燃油泵的插接器拔下,用万用表测量电动燃油泵电源端子和搭铁端子间的电阻,电阻为_____Ω。

② 判断:其阻值若不符合规定标准,则应更换燃油泵。如果经过测量发现电阻过小或过大,说明油泵电枢绕组存在短路、电刷接触不良或绕组有断路故障(注:不同型号的油泵电枢绕组电阻不同,一般在十几欧左右)。

燃油泵电阻是否合格_____

2) 直接驱动燃油泵(图 2.4-11)。

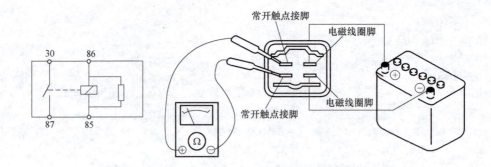

图 2.4-9　油泵继电器内部电路和测量方法

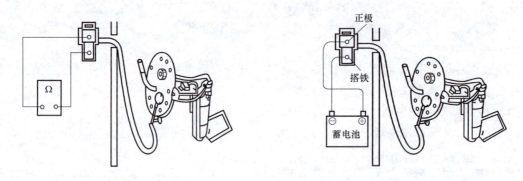

图 2.4-10　检测燃油泵电枢绕组电阻　　　图 2.4-11　检测油泵泵油工作状态

① 操作：用外接电源直接测试油泵工作状态。将电动燃油泵与蓄电池相接（正负极不能接错），并使电动燃油泵尽最远离蓄电池，每次接通不超过10s（时间过长会烧坏电动燃油泵电动机的线圈）。

② 判断：如电动燃油泵不转动，则应更换电动燃油泵。

经过以上的操作，基本能够排除燃油系统的故障。完成工作任务后，教师根据实际情况填写表2.4-11。

表 2.4-11　工作任务评分表

序号	评分标准	配分	实得分
1	工作准备和工作过程的认真仔细程度和工作态度	10	
2	技术资料应用情况	10	
3	团队工作计划与分工	10	
4	测量与检查记录或文件记录	10	
5	按专业要求做工作任务	10	
6	按专业要求使用量具、检验器具及工具	10	
7	注意遵守劳动与环保规定	10	
8	做好将车辆/系统交给客户之前的准备工作	10	

（续）

序号	评分标准	配分	实得分
9	团队配合与沟通	10	
10	在完成工作任务中教师的提问	10	
	合计分数		

2.5 点火系统检修

引言

如果点火系统出现故障，车辆将出现不能正常点火，会影响到发动机的动力、排放和燃油消耗。对点火系统的检修要在熟悉点火系统结构和工作原理的基础上，根据故障现象，选择合适的检测方法，排除点火系统故障。

学习目标

1. 掌握点火系统的故障及对整个电控系统的影响。
2. 掌握点火系统的检测方法、工艺流程和技术规范。
3. 掌握点火系统故障排除分析的方法。

在发动机电控系统中对点火系统检修的基本项目有：各缸点火的测试、点火系统电路检修和点火波形测试。在掌握了这些基本操作项目后，针对具体的燃油系统故障和维修思路，去解决实际问题。

2.5.1 点火系统的基本测试

任务目标

1. 掌握点火系统检修的安全常识。
2. 掌握点火系统的基本测试项目和方法。
3. 掌握点火波形的测试。

任务情景描述

客户报修一辆车行驶 26000km，在行驶时发动机突然熄火，之后无法起动，用检测仪检测无故障码。经初步诊断故障在点火系统，请对该车进行点火系统的基本检查。

实训准备

设备工具：1. 实习用车或电控发动机台架。
2. 检测仪、示波器。
3. 万用表、接线笔和点火测试工具。

资料：相关车型维修手册、电路图和设备使用说明书。

任务实施

任务开始前，学生分成小组，并填写任务实施准备项目表（表2.5-1）的内容。

1. 点火系统检修的安全常识

为使电气部件功能正常，需要至少 11.5V 的电压。在一些检测中控制单元可能识别和存储故障。因此在结束所有检测和维修工作后，应查询发动机控制单元的故障存储器，必要时清除故障记录。

表 2.5-1 任务实施准备项目表

任务名称		小组成员	
设备工具			
资料			
工作计划制订			
教师评语			

如果在对部件进行故障查询、维修和检测后发动机只能短暂起动并接着停机，原因可能是防盗锁止系统锁止了发动机控制单元。

注意：如果更换加速踏板，需将发动机控制单元与加速踏板进行匹配。

为避免人员受伤或毁坏喷射装置和点火装置，必须注意以下事项：
1）在发动机运转时或起动时，不得接触或拔出点火导线。
2）点火系统的导线（以及测量仪导线）只有在点火开关关闭时才能连接和断开。

如果在试车时需要使用检查和测量装置，必须注意以下事项：

检测仪器应固定在后座上，由第二个人进行操纵。如果在前排乘员侧的座椅处操纵检测仪，当前排乘员侧安全气囊触发时会导致人员受伤。

2. 点火系统装配

点火系统与发动机电控系统共用一些电气元件，如传感器。图 2.5-1 所示为宝来两缸同时点火系统装配图，图中点火系统中给每个元件的名称和安装力矩以及该元件的安装说明。在检查、安装和拆卸点火系统时要参考此图。

3. 点火系统的基本测试项目和方法

（1）跳火测试点火系统（以某车型为例） 使用跳火试验测试点火系统，特别是在判断发动机抖动时，可以判断哪一个气缸点火不良。断缸法测试如图 2.5-2 所示，断缸法测试的步骤如下：

1）断开全部喷油器接头，使其不能喷射燃料。
2）拆下带点火器的点火线圈和火花塞。

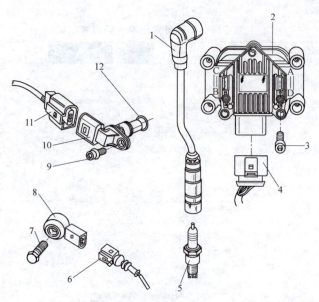

图 2.5-1 宝来两缸同时点火系统装配图

1—点火导线口4~8kΩ 带抗干扰插头和火花塞插头检查导通性将火花塞插头用拔出器装配
2—点火线圈 -N152-带有点火导线的标识：A=气缸 1，B=气缸 2，C=气缸 3，D=气缸 4
3—10N·m3 个螺栓　4—连接插头与点火线圈连接-N152-4 芯　5—火花塞, 25N·m 拆卸和安装时拔出外部喷油阀的连接插头用火花塞扳手拆卸和安装　6—连接插头用于爆燃传感器 1-G61-2 芯触点镀金　7—20N·m 螺栓拧紧力矩对爆燃传感器的功能有影响
8—爆燃传感器 1-G61-触点镀金　9—10N·m1 个螺栓　10—霍尔传感器-G40-
11—连接插头与霍尔传感器相连接-G40-3 芯　12—O 形圈

3）重新将火花塞装入点火线圈内。

将连接头与其连接，将火花塞搭铁。在此状态下转动曲轴（点火），检查火花塞是否产生火花。

注意：当火花塞试验时，转动曲轴不得超过 5~10s。

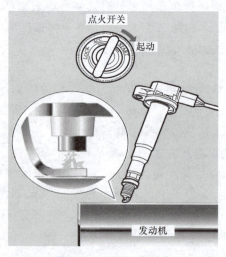

图 2.5-2 断缸法测试

请在实训车或发动机台架上进行火花塞跳火试验,给出试验结果,填写表 2.5-2。(以 4 缸发动机为例)在测试时既要观察火花塞是否点火,还要观察点火强度。点火良好的火花塞火花呈现明亮的蓝色。

表 2.5-2　火花塞跳火试验结果

测试项目	1 缸测试	2 缸测试	3 缸测试	4 缸测试
是否跳火				
火花强度				

(2) **使用专用工具进行点火测试**　在某些车型上如果使用火花塞跳火试验并不是特别方便,要进行一些复杂的拆装操作。可以使用一些专用的仪器进行点火测试,这里介绍 COP 点火系统快速探测器的使用。COP 点火系统快速探测器(图 2.5-3)是一款便携手持式的点火系统探测器。它可以简单而快速地探测出点火线圈和火花塞一体式中点火线圈和火花塞是否点火正常。探测器可以由点火次级线圈的信号引发其工作。当接收到信号时,探测器就可以检测出 COP 的点火电压(燃烧电压或峰值电压)与燃烧时间(跳火持续时间)是否正常。当点火电压正常时,红色闪频发光二极管便会闪亮。当跳火持续时间正常时,绿色的闪频发光二极管就会闪亮。只需要根据红绿发光二极管的亮灭,即可快速判断点火线圈和火花塞的工作状况。COP 点火系统快速探测器的测试方法如图 2.5-4 所示,将测试结果记录在表 2.5-3 中。

图 2.5-3　COP 点火系统快速探测器

图 2.5-4　COP 点火系统快速探测器的测试方法

表 2.5-3　点火测试试验结果

	1 缸测试	2 缸测试	3 缸测试	4 缸测试
点火电压是否正常 (红色闪频二极管)				
跳火持续时间 (绿色闪频二极管)				

虽然在检修点火系统的时候,COP 点火系统快速探测器可以大大提高维修效率,但是它不能解决所有问题。它只能专门用于定性检测和判断 COP 点火系统中的燃烧时间和点火峰值电压,分析点火线圈的工作性能。

(3) **点火波形的测试**　使用示波器测试点火波形,可以根据点火波形的特点发现点火系统是否工作良好。

请写出使用示波器进行点火系统波形测试的步骤:

将测试的点火次级波形画出来并进行分析。

参照所测得车辆正确的点火次级波形,对测试得到的点火次级波形进行分析。

(4) **点火系统数据的测试**　使用检测仪对实训车辆或台架进行发动机系统数据的测试。根据所测试车型点火系统的特点,测试的只应符合相应的工况。根据测试的结果填写下表,并对测试结果进行分析。数据测试涉及点火提前角的相关参数。以大众宝来型为例,将关于点火系统数据 20 组记录在表 2.5-4 中,点火系统数据 26 组记录在表 2.5-5 中。

显示组 20—点火控制—点火提前角。

测量条件:行驶中,仅输出各气缸最大工况测量值。

表 2.5-4　点火系统数据 20 组记录表

项目	1 缸点火提前角	2 缸点火提前角	3 缸点火提前角	4 缸点火提前角
参考值	-5.3~6.6°	-5.3~6.6°	-5.3~6.6°	-5.3~6.6°
测试值				
分析结果				

显示组 26—点火控制—点火传感器电压。

表 2.5-5　点火系统数据 26 组记录表

项目	1 缸点火传感器电压	2 缸点火传感器电压	3 缸点火传感器电压	4 缸点火传感器电压
参考值	0.47~0.84V	0.47~0.84V	0.47~0.84V	0.47~0.84V
测试值				
分析结果				

(5) **点火系统故障码的读取**　使用检测仪读取点火系统故障码,写出读取点火系统故

障码的步骤:

是否有故障码:_____
故障码及其含义:_____

在对点火系统的故障码读取中,发现有"发动机控制系统识别出燃烧中断""发动机控制系统识别出第4缸燃烧中断"两个故障码,请分析导致此故障码的原因:

经过以上的各项检查,基本能够排除相关故障。完成本任务后,教师根据实际情况填写表2.5-6。

表2.5-6 工作任务评分表

序号	评分标准	配分	实得分
1	工作准备和工作过程的认真仔细程度和工作态度	10	
2	技术资料应用情况	10	
3	团队工作计划与分工	10	
4	测量与检查记录或文件记录	10	
5	按专业要求做工作任务	10	
6	按专业要求使用量具、检验器具及工具	10	
7	注意遵守劳动与环保规定	10	
8	做好将车辆/系统交给客户之前的准备工作	10	
9	团队配合与沟通	10	
10	在完成工作任务中教师的提问	10	
	合计分数		

2.5.2 点火系统元件及电路检测

任务目标

1. 掌握点火系统检修的安全常识。
2. 掌握点火系统电路及元件的测试。

任务情景描述

客户报修,一辆奥迪A4轿车在行驶过程中发生车辆抖动,经初步诊断故障在点火系统,请对该车进行点火系统的基本检查。

实训准备

设备工具:1.实习用车或电控发动机台架。
2.检测仪。
3.万用表、接线笔和点火测试工具。

资料:相关车型维修手册、电路图和设备使用说明书。

任务实施

任务开始前,学生分成小组,并填写表2.5-7的内容。

表 2.5-7 任务实施准备项目表

任务名称		小组成员	
设备工具			
资料			
工作计划制订			
教师评语			

对点火系统电路的检查时经过点火系统测试后,发现点火系统工作不良,就应该对点火系统电路及其元件进行检查。

1. 点火线圈及其电路的检测

在检查点火系统时,要注意发动机运转时不要拆开高压线;发动机运转时不要从安装支架拆下点火线圈;发动机运转时不要用手握住高压线圈;不要使用非原厂推荐的点火线圈和火花塞;需要手持高压点火线圈时需使用正确的隔离工具;当起动检查火花塞时,高压线圈要有良好的搭铁。

以下检查步骤以大众某车型为例,点火系统电路图如图2.5-5所示。

继电器J317由发动机ECUJ220控制搭铁。

点火线圈的工作电路为蓄电池—熔丝SA3—J317触点—熔丝SC24—点火线圈4孔插

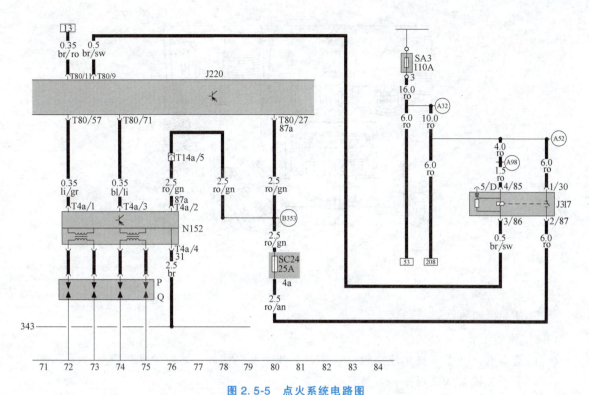

图 2.5-5　点火系统电路图
J317—总线端供电继电器　SC24—熔丝　N152—点火线圈
J220—发动机 ECU　P、Q—火花塞

头的 2 脚。

(1) 点火线圈供电电压的测量

1) 测量条件。

① 蓄电池电压不低于 11.5V。

② 霍尔传感器正常。

③ 发动机转速传感器正常。

④ 点火器前的熔丝 SC24 正常。

2) 检查步骤 (图 2.5-6)。拔下点火线圈 N152 的 4 孔插头,用万用表接到拔下插头的 2 脚和 4 脚之间测电压,打开点火开关,电压值至少应为 11.5V。

实测值为 _____ V。关闭点火开关。

(2) 导线导通性检查

1) 检查点火线圈 4 孔插座头触点 2 和继电器 J317 触点 2 之间的导线是否断路。

导线电阻测量值为 _____,电阻值应小于 1.5Ω。

2) 检查 4 孔插座头触点 4 和搭铁之间的导线是否断路。

导线电阻测量值为 _____,电阻值应小于 1.5Ω。

(3) 检查点火器触发状态

1) 检测条件。

① 断开喷油器的熔丝,使喷油器不喷油。

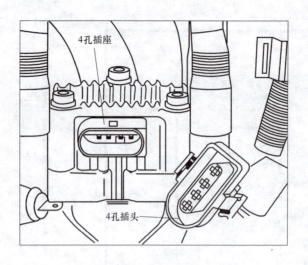

图 2.5-6 点火线圈测量参考图

② 使起动机运转。

2）检测步骤。

① 检查点火线圈 4 孔插座头触点 1 和触头 4 之间连接的大功率发光二极管。

发光二极管状态（是否闪亮）＿＿＿＿＿＿＿＿＿

② 检查点火线圈 4 孔插座头触点 2 和触点 4 之间连接的大功率发光二极管。

发光二极管状态（是否闪亮）＿＿＿＿＿＿＿＿＿

（4）检查点火线圈到发动机 ECU 的线路导通性

1）检查点火线圈 4 孔插座头触点 1 和发动机 ECU 57 电阻。

2）检查点火线圈 4 孔插座头触点 3 和发动机 ECU 71 电阻。

最大电阻应小于 1.5Ω。

（5）**点火线圈的检测**（图 2.5-7） 发动机 ECU 没有对点火线圈实行故障诊断的功能，因此点火线圈如果出现问题是没有故障码的，只有检查点火线圈电阻，才能判断点火线圈是否工作正常，在正常情况下点火线圈工作时发热量比较大，但是点火线圈温度过高会导致点火线圈电阻值增大，会出现发动机工作不稳定、自动熄火等故障。

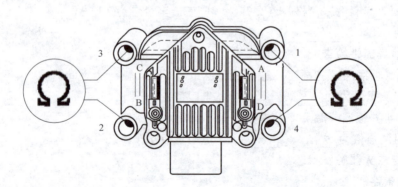

图 2.5-7 某车型点火线圈及插接器示意图

把数字万用表转动到电阻档,两表笔分别接初级绕组1、4或2、3两针脚,20℃时测量。将测量记录填写在表2.5-8中。

表2.5-8 点火线圈电阻测量记录表

点火线圈电阻测量	测量值	参考值	判断结果是否合格
次级绕组电阻1~4缸线圈		4~6kΩ	
次级绕组电阻2~3缸线圈		4~6kΩ	

如果测量值不在范围内,应更换点火线圈。

(6) **熔丝和继电器的检查** 点火系统中熔丝和继电器的检查方法与燃油系统中熔丝和继电器的检查方法相同。

通过以上的检测应能够排除点火系统的故障。

2. 火花塞的检查

(1) **火花塞状态检查** 对火花塞的检查主要是检查火花塞的状态。请根据实际检查结果填写表2.5-9。

表2.5-9 火花塞的检查记录表

火花塞状态种类	实际检查状态	原因分析
 过度燃烧		
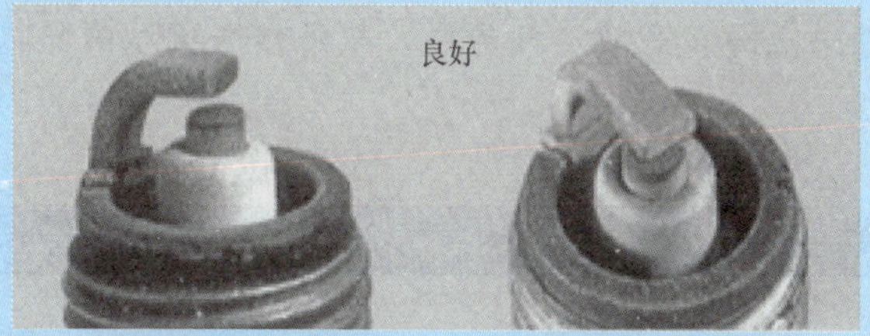 良好		
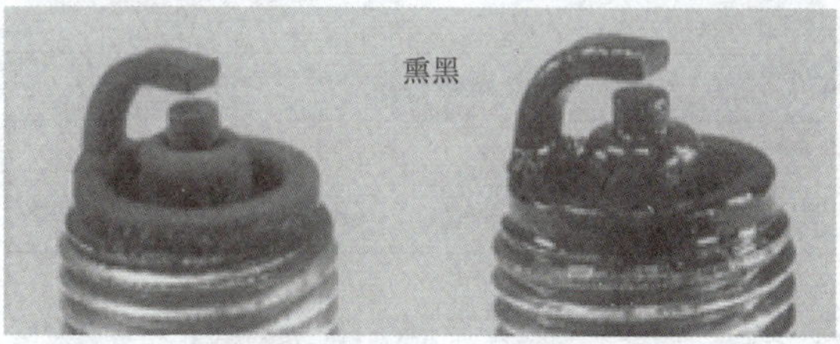 熏黑		

(2) **火花塞间隙的测量** 在使用一段时间后,由于燃烧不良等故障,火花塞的电极间隙可能会有不同程度的磨损,导致燃烧进一步恶化。火花塞电极磨损如图2.5-8所示。请使用塞规测量不同车辆火花塞的间隙并填写表2.5-10。

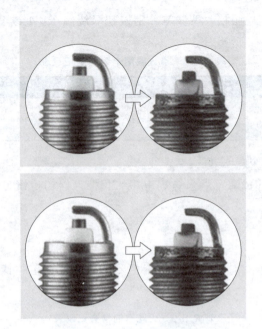

图 2.5-8 火花塞电极磨损

表 2.5-10 火花塞间隙测量记录表

车型	火花塞间隙正常值/mm	实际测量值/mm	原因分析

经过以上的各项检查,基本能够排除相关故障。完成本任务后,教师根据实际情况填写表 2.5-11。

表 2.5-11 工作任务评分表

序号	评分标准	配分	实得分
1	工作准备和工作过程的认真仔细程度和工作态度	10	
2	技术资料应用情况	10	
3	团队工作计划与分工	10	
4	测量与检查记录或文件记录	10	
5	按专业要求做工作任务	10	
6	按专业要求使用量具、检验器具及工具	10	
7	注意遵守劳动与环保规定	10	
8	做好将车辆/系统交给客户之前的准备工作	10	
9	团队配合与沟通	10	
10	在完成工作任务中教师的提问	10	
合计分数			

2.6 排放控制系统检修

引言

关于排放的标准越来越严格，北京自2013年3月1日起实行京V排放标准。车辆的排放控制系统出现故障，不仅影响车辆的使用性能，更关系到是否能够通过车辆的尾气年检，因此应重视对排放控制系统的检修。

学习目标

1. 掌握排放控制系统的故障及对整个电控系统的影响。
2. 掌握排放控制系统的检测方法、工艺流程和技术规范。
3. 掌握排放控制系统故障排除分析的方法。

2.6.1 炭罐排放控制系统检修

任务目标

1. 掌握炭罐排放控制系统检修的安全常识。
2. 掌握炭罐排放控制系统的基本测试项目和方法。

任务情景描述

一辆行驶了6.8万km、排量为2.4L的奥迪A6，车主反映热车行驶过程中容易熄火，熄火后不易起动。经初步诊断故障在炭罐排放控制系统，请对该车进行炭罐排放控制系统的基本检查。

实训准备

设备工具：1. 实习用车或电控发动机台架。
　　　　　2. 检测仪、示波器。
　　　　　3. 万用表、接线笔和点火测试工具。
资料：相关车型维修手册、电路图和设备使用说明书。

任务实施

任务开始前，学生分成小组，并填写表2.6-1的内容。

根据空气压力和环境温度的不同在燃油箱的燃油表面上或多或少有燃油蒸气形成。炭罐排放控制系统避免这种碳氢排放物进入空气。炭罐像海绵一样存储这些气体。

1. 炭罐排放控制系统安装连接及布置（以大众某车型为例）

宝来车型炭罐排放控制系统安装连接及布置如图2.6-1所示，在拆装时要按照相关的拧紧力矩拧紧。

2. 炭罐排放控制系统的基本检查

（1）**故障码检查**　拔下炭罐电磁阀插接器，起动车辆，利用检测仪读取故障码，看是否有故障码，如果有故障码 请记录＿＿＿＿＿＿＿＿＿＿＿＿＿＿＿＿＿＿＿＿＿＿＿＿

表 2.6-1 任务实施准备项目表

任务名称		小组成员	
设备工具			
资料			
工作计划制订			
教师评语			

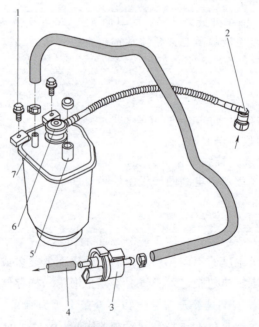

图 2.6-1 宝来车型炭罐排放控制系统安装连接及布置

1—螺钉（10N·m² 个） 2—连接软管，来自燃油箱，注意位置是否牢固 3—活性炭罐电磁阀 N80，阀门在点火开关关闭时关闭暖机时，阀门由发动机控制单元控制（周期性打开和关闭） 4—连接软管至进气管，注意位置是否牢固 5—通风接头 6—带有连接软管的恒压控制阀 7—活性炭罐，安装位置在发动机舱右侧

(2) **数据流检查** 通过炭罐排放控制系统数据流可以观察炭罐排放控制系统工作情况，并帮助诊断故障。如图 2.6-2 所示，使用检测仪读出炭罐排放控制系统的相关数据流并记录。

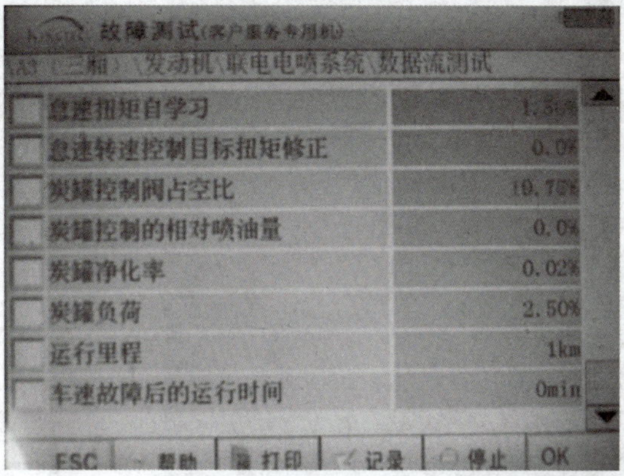

图 2.6-2 奇瑞 A3 炭罐排放控制系统数据流[一]

(3) **炭罐电磁阀执行元件测试** 在空燃比控制状态下（暖机）的行驶模式中，发动机控制单元根据负荷和转速对炭罐电磁阀进行周期性的控制。开启时间与收到的信号有关。

通过炭罐电磁阀执行元件测试功能，可以判断炭罐电磁阀工作是否良好。如图 6-3 所示，写出进行炭罐电磁阀测试的步骤：（注：图中的炭罐电磁阀为油箱净化控阀 N80）

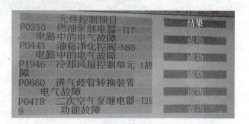

图 2.6-3 油箱净化控阀（炭罐电磁阀）的执行元件测试

如果经过测试电磁阀不动作，请列出可能的原因：

(4) **炭罐电磁阀电路及其元件的检查**

1) 炭罐电磁阀电路说明。大众某车型炭罐电磁阀安装位置和电路图如图 2.6-4 所示，

[一] 扭矩指转矩。

其中N80的1号脚连接通过炭罐电磁阀的工作电路为：蓄电池-继电器J317的触点-熔丝SC26-炭罐电磁阀N80-发动机ECUJ361。具体电路请参考电路手册。

 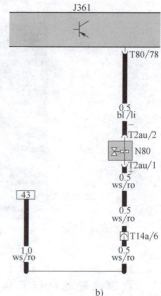

a)　　　　　　　　　　　　　　　　　　　　b)

图2.6-4　大众某车型炭罐电磁阀安装位置和电路图

a）炭罐电磁阀安装位置　b）炭罐电磁阀电路

所以当点火开关打开时，炭罐电磁阀N80的1号脚电压接近12V。N80的2号脚与发动机ECU相连，电压约为3.6V。

2）炭罐电磁阀引起的系统故障。EVAP炭罐可能会以下列方式出现故障：

① 电磁绕组断路。

② 电磁绕组短路。

③ 至12V电源供给的外部线束短路。

④ 到搭铁连接的外部线束短路。

⑤ 外部线束高电阻。

⑥ 阀内的机械故障。

⑦ 一般故障原因。由于异物进入阀内部，导致锈蚀或密封性差等。

3）维修注意事项。

① 安装时必须使气流方向符合规定。

② 当发现阀体内部由于黑色颗粒导致电磁阀失效，需要更换电磁阀时，请检查炭罐状况。

③ 维修过程中尽量避免水、油等液体进入阀内。

④ 为了避免固体声的传递，将炭罐电磁阀悬空安装在软管上。

4）炭罐电磁阀线圈电阻的检查。拔下炭罐电磁阀线束插接器，测量线圈电阻值记录在表2.6-2中。

表2.6-2 炭罐电磁阀线圈电阻测试表

炭罐电磁阀线圈电阻值测试	理论值	实测值	结果分析
	(26±4)Ω,20℃		

5) 炭罐电磁阀电压的检查。打开点火开关,断开炭罐电磁阀的两脚插接器,测量插座端,填写表2.6-3。

表2.6-3 炭罐电磁阀电压的检查表

测量点	参考值	实测值	结果分析
1号脚搭铁电压	接近12V		
2号脚搭铁电压	大约3.6V		

6) 其他电路及元件的检查。根据表2.6-4的内容进行测量,并将结果记录在表中。

表2.6-4 电路及元件检查记录表

测量点	参考值	实测值	结果分析
1号脚到熔丝的导线通断	电阻小于1Ω		
熔丝的通断	电阻小于1Ω		
熔丝到继电器导线的通断	电阻小于1Ω		
继电器的工作情况	参考继电器的检查		

(5) 炭罐排放控制系统的就车检查

1) 拔下活性炭罐上的真空软管,检查真空软管内有无真空吸力。当发动机怠速运转时,若炭罐电磁阀工作正常,电磁阀应关闭着,真空软管内应无真空吸力。请检查怠速时真空软管内是否有真空吸力。

如果此时真空软管内有真空吸力,在用万用表检查炭罐电磁阀线束插接器端子上又存在电压时,说明ECU存在故障;若无电压,则说明炭罐电磁阀卡滞在开启位置。

2) 踩下加速踏板,使发动机转速上升到2000r/min以上,检查真空软管内有无真空吸力,若有真空吸力,说明炭罐电磁阀工作正常;如果真空软管内无真空吸力,炭罐电磁阀线束插接器上电压正常,说明炭罐电磁阀存在故障;若电压异常,说明ECU或控制线路存在故障。

在维修过程中注意:如果更换炭罐电磁阀时发现管路内有小的碳粒时,就应该将炭罐和电磁阀同时更换。

> 注意:炭罐电磁阀是用于排放控制系统,为了保护环境、防止大气污染而设置的系统,该电磁阀在发动机怠速、大负荷工况时不参与工作,如果错误动作将导致发动机工作状态不稳,在维修过程中应该注意这些细节。

经过以上的各项检查,基本能够排除相关故障。完成本任务后,教师根据实际情况填写表2.6-5。

表 2.6-5 工作任务评分表

序号	评分标准	配分	实得分
1	工作准备和工作过程的认真仔细程度和工作态度	10	
2	技术资料应用情况	10	
3	团队工作计划与分工	10	
4	测量与检查记录或文件记录	10	
5	按专业要求做工作任务	10	
6	按专业要求使用量具、检验器具及工具	10	
7	注意遵守劳动与环保规定	10	
8	做好将车辆/系统交给客户之前的准备工作	10	
9	团队配合与沟通	10	
10	在完成工作任务中教师的提问	10	
合计分数			

2.6.2 废气再循环系统的检修

任务目标

1．掌握废气再循环系统检修的安全常识。
2．掌握废气再循环系统检修的基本测试项目和方法。

任务情景描述

一位客户，报修他的车辆，突然松开加速踏板后经常出现发动机剧烈抖动或马上熄火的现象。经初步诊断是废气再循环系统故障，请对该车的废气再循环系统进行基本检查。

实训准备

设备工具：1．实习用车或电控发动机台架。
2．检测仪、示波器。
3．万用表、接线笔和点火测试工具。
资料：相关车型维修手册、电路图和设备使用说明书。

任务实施

任务开始前，学生分成小组，并填写表 2.6-6 的内容。

汽车废气再循环系统出现故障，会造成排放不达标、怠速不稳、易熄火，甚至会引起发动机爆燃、过热，NO_x 排放超标，影响动力性，严重降低汽车使用性能。

1. 废气再循环系统的基本检查

（1）检查是否有明显的机械或电气损坏的痕迹 首先对废气再循环系统的外观进行检查，宝来废气再循环阀安装图如图 2.6-5 所示。检查时可参照表 2.6-7 进行目视检查。如果发现连接及泄漏的问题应及时处理。

表 2.6-6　任务实施准备项目表

任务名称		小组成员	
设备工具			
资料			
工作计划制订			
教师评语			

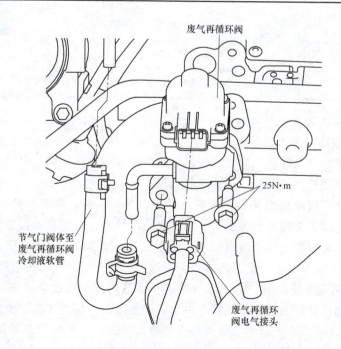

图 2.6-5　宝来废气再循环阀安装图

表 2.6-7 目视检查项目表

检查项目	检查结果	处理方案
连接的软管/软管接头		
垫片		
废气再循环阀		
电气接头连接情况		
线束		

（2）**读取废气再循环系统的故障码（以别克轿车为例）** 请记录车辆的废气再循环系统故障码：

以别克轿车为例，废气再循环系统故障码及说明见表 2.6-8。

表 2.6-8 别克轿车废气再循环系统故障码及说明表

故障码	故障码说明
P1404	废气再循环阀的实际枢轴位置与设定值有偏差
DTC P0403	废气再循环阀控制电路不良
DTC P0404	废气再循环打开位置性能
DTC P0405	废气再循环阀位置传感器电压过低

2. 废气再循环系统元件的检查

（1）**废气再循环阀卡滞现象及原因分析** 如果发动机燃烧不良（如采用劣质汽油）或空气质量差，恶劣的尾气被引入进气系统再燃烧后易导致废气再循环阀卡滞，可能带来的问题为污染环境或发动机怠速不稳、怠速时易熄火。

由于废气再循环阀所处的环境，长期承受着废气的污染，容易在阀门与阀口上附着积炭，阀门与阀口之间产生的积炭改变了枢轴位置造成卡滞，一旦发动机控制单元检测到废气再循环阀的实际枢轴位置与设定值有偏差，便会记录故障信息，存储代码，点亮发动机故障指示灯。

（2）**废气再循环电路说明** 别克采用带电子反馈的废气再循环系统，能够监视废气再循环阀的位置，确保阀门对控制单元指令做出正确的响应。别克某车型废气再循环阀由发动机 ECU 控制电路如图 2.6-6 所示。废气再循环阀上装置一个电位计来检测废气再循环阀的真实位置，电位计的三条导线分别为 5V 参考电源、搭铁和信号线。

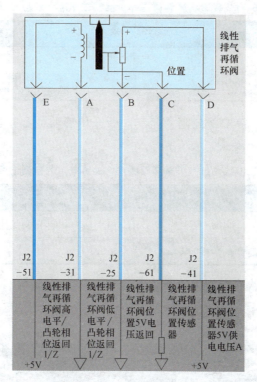

图 2.6-6 别克某车型废气再循环阀由发动机 ECU 控制电路

(3) 检查废气再循环阀

1) 废气再循环阀电压检查。打开点火开关,根据电路图 2.6-6 所示,使用万用表直流电压档检查废气再循环阀的电压,并填写表 2.6-9。

表 2.6-9 废气再循环阀电压测量记录表

测量点	参考值	测量值	测量结果分析
J2-51 与 J2-31	5V		
E 与 A 之间	5V		

2) 废气再循环阀电阻测量。检查电磁线圈的电阻,其正常值应符合规定(一般为 20~50Ω),将测量结果记录在表 2.6-10 中,否则应更换废气再循环阀。

表 2.6-10 废气再循环阀电阻测量记录表

测量点	E 与 A 之间	测量值	测量结果分析
J2-51 与 J2-31	20~50Ω		
E 与 A 之间	20~50Ω		

3) 检测废气再循环阀提升传感器。

① 对废气再循环阀提升传感器工作电压的检测。断开点火开关,拆下废气再循环阀提升传感器的导线接头,将点火开关接通,用万用表直流电压档测量传感器端子之间的电压,将检测结果记录在表 2.6-11 中。

表 2.6-11 废气再循环阀提升传感器工作电压的检测记录表

测量点	参考值	测量值	测量结果分析
J2-25 与 J2-41	5V		
B 与 D 之间	5V		

② 废气再循环阀提升传感器电阻的检测。断开传感器的插接器，测量传感器的电阻，将测量结果记录在表 2.6-12 中。

表 2.6-12 废气再循环阀提升传感器电阻的检测记录表

测量点	E 与 A 之间	测量值	测量结果分析
J2-25 与 J2-41	50~100Ω		
B 与 D 之间	50~100Ω		

4）检查废气再循环阀门是否卡滞（图 2.6-7）。将阀门拆开后，用手按动阀门的一侧，阀门应能够滑动。

图 2.6-7 检查废气再循环阀门

经过以上的各项检查，基本能够排除相关故障。完成本任务后，教师根据实际情况填写表 2.6-13。

表 2.6-13 工作任务评分表

序号	评分标准	配分	实得分
1	工作准备和工作过程的认真仔细程度和工作态度	10	
2	技术资料应用情况	10	
3	团队工作计划与分工	10	
4	测量与检查记录或文件记录	10	
5	按专业要求做工作任务	10	
6	按专业要求使用量具、检验器具及工具	10	

(续)

序号	评分标准	配分	实得分
7	注意遵守劳动与环保规定	10	
8	做好将车辆/系统交给客户之前的准备工作	10	
9	团队配合与沟通	10	
10	在完成工作任务中教师的提问	10	
	合计分数		

2.6.3 曲轴箱通风系统的检修

任务目标

1. 掌握曲轴箱通风系统在不同车型上的结构。
2. 掌握曲轴箱通风系统检修的基本测试项目和方法。

任务情景描述

一位客户，报修他的车辆，发动机怠速不稳，且怠速转速偏高，经初步诊断是曲轴箱通风系统故障，请对该车的曲轴箱通风系统进行基本检查。

实训准备

设备工具：1. 实习用车或电控发动机台架。
    2. 检测仪、示波器。
    3. 万用表、接线笔和点火测试工具。
资料：相关车型维修手册、电路图和设备使用说明书。

任务实施

任务开始前，学生分成小组，并填写表2.6-14的内容。

曲轴箱强制通风气体不仅含有大量的发动机机油和其他燃烧残留物，在某些情况下，还含有大量的燃油残渣。如果这些气体进入进气系统，将影响进气质量，进而影响运转平稳性、废气排放，并降低抗爆燃的能力。

对于曲轴箱通风系统检修主要检查管路是否漏气和堵塞。

1. 曲轴箱强制通风系统气道的检修

（1）节气门前的进气道与曲轴箱连接检查　根据相应的车型，找到节气门前的进气道与气门室之间的连接软管（图2.6-8），根据表2.6-15所列的内容检查并记录。

（2）节气门后到气门室的通风管检查　根据相应的车型，找到节气门后到气门室之间的连接软管（图2.6-9），根据表2.6-16所列的内容检查并记录。

表 2.6-14　任务实施准备项目表

任务名称		小组成员	
设备工具			
资料			
工作计划制订			
教师评语			

图 2.6-8　节气门前的进气道与曲轴箱之间的连接软管

表 2.6-15　节气门前的进气道与曲轴箱之间的连接软管检查记录表

操作步骤	检查标准	检查结果及分析
拆下软管与进气道连接的一端	A 处应有气体流出	
曲轴箱与进气道连接的软管	软管应通畅无堵塞	
拆下软管与曲轴箱连接的一端	B 应能感觉到有气流流出	
这段管路不应有漏气	是否听到有漏气的声音	

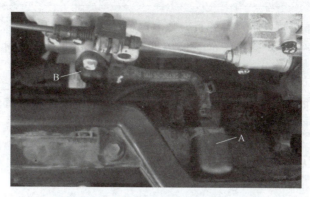

图 2.6-9 节气门后到气门室的通风管

表 2.6-16 节气门后到气门室之间的连接软管检查记录表

操作步骤	检查标准	检查结果及分析
拆下软管与进气道连接的一端	A 处应有气体流出	
气门室与进气道连接的软管	软管应通畅无堵塞	
拆下软管与气门室连接的一端	B 应能感觉到有气流流出	
这段管路不应有漏气	是否听到有漏气的声音	

2. 曲轴箱强制通风（PCV）阀的检修

曲轴箱通风系统最主要的部件是曲轴箱强制通风阀，它通常安装在发动机气门室罩盖与节气门后的进气歧管之间，其作用是利用进气歧管的负压控制进入曲轴箱的新鲜空气量和进入进气歧管的曲轴箱废气量，保证曲轴箱压力保持在规定的范围之内，最大程度降低废气对发动机的损害。所以，主要以曲轴箱强制通风阀的堵塞和卡滞（常通）两方面原因来呈现故障现象。

1）当曲轴箱强制通风阀堵塞时，主要表现的故障现象如下：

① 由于导致曲轴箱内压过高，造成发动机油封衬垫漏油。

② 过高的曲轴箱压力，使得机油及蒸气反向窜入节气门体前的进气管路中，造成空气滤清器脏污。

③ 曲轴箱内的机油和废气进入进气管路，改变了混合气成分，造成发动机怠速不稳、怠速降低甚至失速。

2）当曲轴箱强制通风阀卡滞（常通）时，主要表现的故障现象如下：

① 在进气负压的作用下，大量的机油及蒸气被吸入进气歧管继而燃烧，造成发动机机油消耗过快、排气管冒蓝烟。

② 在曲轴箱强制通风阀某些卡滞的情况下，由于气流流速的原因，产生一定的噪声。

③ 由于曲轴箱强制通风阀常通，相当于节气门前的空气通过曲轴箱这个旁通气道进入进气歧管，使发动机怠速升高。

3）曲轴箱强制通风阀的振动测试。振动测试是一种非常简单的测试方法，只需要将曲轴箱强制通风阀拆下并用手摇动。如果曲轴箱强制通风阀不发出"咯咯"声就说明它有故障，必须更换。

根据此方法检查曲轴箱强制通风阀的好坏，写出结果。

> 注意：所有曲轴箱强制通风阀都有弹簧，随着时间的推移及气温的冷热循环都会使弹簧的弹力减弱。应严格按照生产商推荐的更换周期更换曲轴箱强制通风阀（通常为3年或者是60000km）。

对于其他形式的曲轴箱通风系统，可以参照以上检查方法进行检查。

3. 曲轴箱通风加热电阻的检查（以大众某车型为例）

在某些车型上，在曲轴箱通风管路上，安装有加热电阻，曲轴箱通风加热电阻安装位置和部分电路图如图6-10所示。电路走向为：蓄电池—熔丝SC1—N79曲轴箱加热电阻—搭铁。曲轴箱加热电阻电路检查记录表见表2.6-17。

图2.6-10 曲轴箱通风加热电阻安装位置和部分电路图
a）加热电阻安装位置 b）加热电阻电路图

表2.6-17 曲轴箱加热电阻电路检查记录表

检查项目	测量值	测量结果分析
N79-1号脚供电		
N79-2号脚供电搭铁		
N79电阻		

完成本任务后，教师根据学生的实际情况填写表2.6-18。

表2.6-18 工作任务评分表

序号	评分标准	配分	实得分
1	工作准备和工作过程的认真仔细程度和工作态度	10	
2	技术资料应用情况	10	
3	团队工作计划与分工	10	
4	测量与检查记录或文件记录	10	

(续)

序号	评分标准	配分	实得分
5	按专业要求做工作任务	10	
6	按专业要求使用量具、检验器具及工具	10	
7	注意遵守劳动与环保规定	10	
8	做好将车辆/系统交给客户之前的准备工作	10	
9	团队配合与沟通	10	
10	在完成工作任务中教师的提问	10	
	合计分数		

2.6.4 二次空气喷射系统的检修

任务目标

1. 掌握二次空气喷射系统在不同车型上的结构。
2. 掌握二次空气喷射系统检修的基本测试项目和方法。

任务情景描述

一位客户,报修他的车辆,一台行驶里程约为6000km的轿车,车主反映该车OBD警告灯有时会点亮,但车辆行驶是正常的。经过检查发现存在二次空气喷射系统故障码。请对该车的二次空气喷射系统进行基本检查。

实训准备

设备工具:1. 实习用车或电控发动机台架。
　　　　2. 检测仪、示波器。
　　　　3. 万用表、接线笔和点火测试工具。
资料:相关车型维修手册、电路图和设备使用说明书。

任务实施

任务开始前,学生分成小组,并填写表2.6-19的内容。

在冷起动时,二次空气喷射系统短时间将新鲜空气吹入排气歧管使未燃烧的燃油再次燃烧,从而缩短尾气催化净化器的加热时间,降低废气排放。

1. **二次空气喷射系统安装连接及布置**(以大众某车型为例)

宝来汽车二次空气喷射系统装配图如图2.6-11所示。宝来汽车二次空气喷射系统装配图说明见表2.6-20。

2. **对二次空气泵系统进行元件测试**

请使用执行元件测试功能对二次空气喷射系统进行检查。进行执行元件诊断并触发二次空气泵继电器,二次空气泵电动机在二次空气泵继电器的控制下,应间歇运转,直到按下VAS50键中止执行元件诊断为止。

表 2.6-19　任务实施准备项目表

任务名称		小组成员	
设备工具			
资料			
工作计划制订			
教师评语			

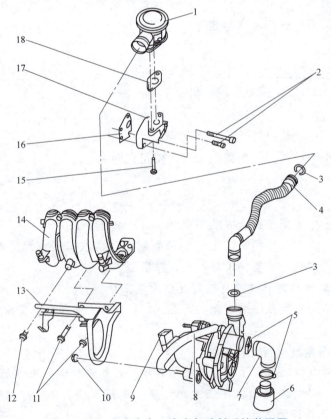

图 2.6-11　宝来汽车二次空气喷射系统装配图

表 2.6-20　宝来汽车二次空气喷射系统装配图说明

1—组合阀	2—螺栓 4 个拧紧力矩为 10 N·m	3—O 形环,损坏时更换	4—压力软管 注意位置是否牢固,松开时按压防松环	5—卡箍
6—空气滤清器用于二次空气泵	7—进气软管用于二次空气泵	8—二次空气泵电动机- V101-	9—连接插头 2 芯	10—螺栓 3 个拧紧力矩为 10N·m
11—螺栓 25N·m,支架下部联接螺栓与联接螺母各一个,将支架和进气管固定在气缸盖上	12—螺栓 2 个支架上部,拧紧力矩为 8N·m	13—支架,用于二次空气泵,固定在进气管上	14—进气管下部件	15—螺栓 2 个,拧紧力矩为 10N·m
16—密封垫注意安装位置	17—连接接头用于组合阀	18—密封垫注意安装位置		

如果二次空气泵电动机没有间歇运转,请列出可能的原因:

3. 二次空气喷射系统电路检查

经过执行元件测试,如果二次空气泵电动机没有运转,则需要对二次空气泵电路和二次空气泵电动机进行检查。

图 2.6-12 所示为宝来二次空气泵电路图。二次空气泵继电器的线圈 30 号继电器供电,由发动机 ECU 控制搭铁。二次空气泵电动机由发电机供电,由继电器 J299 控制器工作,所以当电路中的元件及连接导线出现故障时,会导致二次空气系统失效。

对二次空气泵电路进行检测并将检测结果记录在表 2.6-21 中。

（1）二次空气泵电动机电阻的检查　拔下二次空气泵电动机线束插接器,测量线圈电阻值。

表 2.6-21　二次空气泵电动机电阻测试表

二次空气泵电动机电阻测试	理论值	实测值	结果分析

（2）其他电路及元件的检查　二次空气泵电路其他元件的检查见表 2.6-22。

表 2.6-22　二次空气泵电路其他元件的检查

测量点	参考值	实测值	结果分析
电动机到搭铁电路连接	电阻小于 1Ω		
电动机到 30 号继电器的导线	电阻小于 1Ω		
继电器的工作情况	参考继电器的检查		

（3）检查组合阀　拆下发动机罩将压力软管从二次空气泵电动机 V101 上拆下，二次空气泵及组合阀安装位置如图 2.6-13 所示，注意松开压力软管时按压防松环。

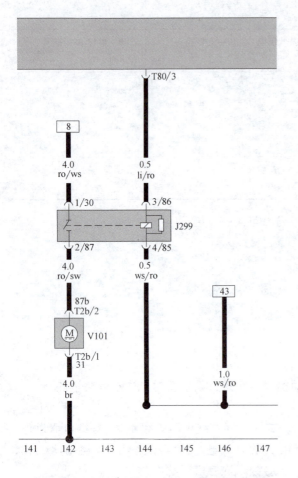

J299—二次空气泵继电器　V101—二次空气泵电动机

图 2.6-12　宝来二次空气泵电路图

图 2.6-13　二次空气泵及组合阀安装位置

1）将低压空气吹入至组合阀的压力软管中，组合阀必须关闭。
实际检查结果_____

2）将高压空气吹入至组合阀的压力软管中，组合阀必须打开。
实际检查结果_____

如果组合阀不打开或持续打开则更换组合阀。

完成本任务后，教师根据学生的实际情况填写表 2.6-23。

表 2.6-23　工作任务评分表

序号	评分标准	配分	实得分
1	工作准备和工作过程的认真仔细程度和工作态度	10	
2	技术资料应用情况	10	
3	团队工作计划与分工	10	

（续）

序号	评分标准	配分	实得分
4	测量与检查记录或文件记录	10	
5	按专业要求做工作任务	10	
6	按专业要求使用量具、检验器具及工具	10	
7	注意遵守劳动与环保规定	10	
8	做好将车辆/系统交给客户之前的准备工作	10	
9	团队配合与沟通	10	
10	在完成工作任务中教师的提问	10	
	合计分数		

2.7 缸内直喷发动机燃油系统检修

引言

目前市场上销售的大部分车辆是缸内直喷发动机,由缸内直喷发动机本身结构比歧管喷射发动机结构复杂,电气元件增加,故障也相应地增加,给维修车辆带来一定的困难。因此在掌握缸内直喷发动机结构原理的基础上,掌握相应的维修工艺,加上诊断工具的熟练运用是维修此类发动机故障的基础。

学习目标

1. 掌握缸内直喷发动机燃油系统的故障。
2. 掌握缸内直喷发动机燃油系统的基本测试项目和方法。

任务情景描述

一辆迈腾1.8T发动机严重抖动,有多缸失火的故障码,加速无力,请根据故障现象排除故障。

实训准备

设备工具:1. 实习用车或电控发动机台架。
            2. 检测仪、示波器。
            3. VAS5052A、V.A.G1318油压表套件。
资料:相关车型维修手册、电路图和设备使用说明书。

任务实施

任务开始前,学生分成小组,并填写任务实施准备项目表2.7-1的内容。

表2.7-1 任务实施准备项目表

任务名称		小组成员	
设备工具			
资料			
工作计划制订			
教师评语			

1. 连接检测仪读取故障码

发动机起动后，用 VAS5052 读取发动机故障码，请根据图 2.7-1 所示记录故障码。

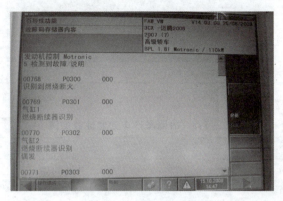

图 2.7-1　记录故障码

P0300

P0301

P0302

P0303

P0304

2. 根据故障做断缸试验

因为怠速抖动严重，类似缺缸现象，所以先断缸做试验，效果不明显，无明显异常，证明不是某一气缸燃烧不好导致。

请写出断缸试验的步骤：

3. 检查火花塞和点火线圈

火花塞表面略有发黑现象，更换火花塞和点火线圈试验，无效。

写出火花塞燃烧不好的原因有哪些：

4. 检查数据流

正常车辆冷车怠速数据流见表 2.7-2。

表 2.7-2　正常车辆冷车怠速数据流

1	760r/min	51.0℃	-4.70%	1111110
2	760r/min	24.10%	2.55ms	3.64g/s
3	760r/min	3.67g/s	3.10%	3.8°
4	720r/min	14.382V	51.0℃	29.0℃
32	0%	-8.2%	—	—
33	-5.90%	0.76V	—	—

故障车冷车的怠速数据流见表 2.7-3。

表 2.7-3　故障车冷车的怠速数据流

1	760r/min	51.0℃	22.70%	1111110
2	760r/min	55.60%	4.59ms	8.72g/s
3	760r/min	3.67g/s	10.20%	6.8°
4	720r/min	14.382V	51.0℃	27.0℃
32	0%	0%	—	—
33	22.70%	0.02V	—	—

请根据测量值分析:

第 1 组第 3 区氧传感器调节达到了 22.7%（标准值为 -10% ~ +10%）。

说明_____

第 2 组第 2 区发动机负荷数据达到了 55.6%，正常车辆为 10% ~ 25%，第 2 组第 3 区喷油脉宽为 4.59ms，第 4 区进气量为 8.72g/s。

说明_____

第 3 组第 3 区节气门开度为 10.20%，均大于正常车辆数据很多。

说明_____

第 32 组数据第 1 和第 2 区为 0，因为有失火故障码导致发动机进入开环控制后，发动机 ECU 不再使用氧传感器数据对喷油脉宽进行短期修正。

正常车辆热车时的怠速数据流见表 2.7-4。

表 2.7-4　正常车辆热车时的怠速数据流

1	720r/min	82℃	-4.70%	11111111
2	720r/min	16.50%	1.27ms	2.44g/s
3	720r/min	2.44g/s	3.90%	2.3°
4	760r/min	14.194V	82.0℃	29.0℃
32	2.2%	-7%	—	—
33	8.20%	0.14V	—	—

故障车热车时的怠速数据流见表 2.7-5。

对热车的数据分析结果如下:

第 1 组第 3 区氧传感器调节仍然为 22.7%（标准值为 -10% ~ +10%），证明混合气仍然偏稀。

表 2.7-5 故障车热车时的怠速数据流

1	760r/min	101.0℃	22.70%	11111011
2	760r/min	36.10%	3.06ms	5.69g/s
3	760r/min	5.03g/s	5.90%	8.3°
4	720r/min	13.630V	101.0℃	45.0℃
32	0.00%	0.00%	—	—
33	22.70%	0.02V	—	—

第 32 组数据第 1 和第 2 区为 0，因为有故障码导致发动机进入开环控制，不在对喷油进行短期修正；综合故障码和数据流分析得出该车因为混合气偏稀导致发动机抖动严重，工作无力，请写出混合气过稀常见的主要五种原因：

5. 发动机漏气的检查
请写出发动机常见的漏气部位：

请根据漏气的检查方法检查发动机是否漏气。

检查各个真空管，应无明显裂缝。

将各真空管拆下后堵死，用化清剂喷可能存在漏气的部位，观察发动机运行状态是否有明显异常。

6. 检查燃油系统压力
根据所给的检查步骤进行燃油系统压力的检查，并判断燃油压力是否正常。

A. 检查高压管路压力：106 组第 1 区高压泵怠速时数据为 _____ bar，加速时可以达到 _____ bar，请判断是否异常。

B. 按照维修手册标准测试熄火后低压侧燃油压力为 ____ bar（标准值为 6~8bar）。
10min 过后的保持压力为 _____ bar（标准值为 3.75bar 以上）。

1) 检查燃油压力和高压泵前的保持压力：_____ bar。
2) 检测低压泵油压：_____ bar。

① 关闭 K-Jetronic 压力测量装置 -V.A.G 1318- 的截止阀。拉杆与流动方向横向相对的箭头，如图 2.7-2 中箭头指示。
② 连接 -VAS 5051B-。
③ 连续按下显示屏上"汽车自诊断"-"01 发动机电子系统"和"03 执行元件诊断"的

按钮。

④ 按下显示屏上的右侧箭头键,直至显示燃油泵电子系统的执行元件诊断功能。燃油泵必须运转。

⑤ 读取 K-Jetronic 压力测量装置 -V.A.G 1318- 上的燃油压力:_____ bar 额定值约为 7bar (6~8bar)。

3) 检查保持压力:_____ bar。

通过观察 K-Jetronic 压力测量装置 -V.A.G 1318- 上的压力下降来检查密封性和保持压力。

10min 后的过电压应至少为 3.75bar。

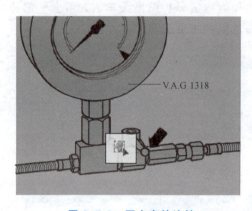

图 2.7-2　压力表的连接

7. 向油雾分离器连向进气歧管的真空管进行加浓

因为混合气过稀,所以拔下油雾分离器连向进气歧管的真空管(图 2.7-3),向该管路里面喷化清剂,人工进行加浓处理,结果发现发动机抖动明显减小,怠速有变稳的趋势,而且第 1 区第 3 组的调节值由 22.7% 下降到 10% 左右。

图 2.7-3　拔下油雾分离器连向进气歧管的真空管

8. 用超声波清洗机清洗喷油器

请简要写出使用超声波清洗机清洗喷油器的方法:

完成本任务后,教师根据学生的实际情况填写表 2.7-6。

表 2.7-6 工作任务评分表

序号	评分标准	配分	实得分
1	工作准备和工作过程的认真仔细程度和工作态度	10	
2	技术资料应用情况	10	
3	团队工作计划与分工	10	
4	测量与检查记录或文件记录	10	
5	按专业要求做工作任务	10	
6	按专业要求使用量具、检验器具及工具	10	
7	注意遵守劳动与环保规定	10	
8	做好将车辆/系统交给客户之前的准备工作	10	
9	团队配合与沟通	10	
10	在完成工作任务中教师的提问	10	
	合计分数